KiWi 157

Über das Buch

Die letzte Generation ist eine Auswahl aus dem Band *War All the Time, Poems 1981–1984*. Eine weitere Auswahl neuer Gedichte von Charles Bukowski aus *You Get so Alone at Times that It Just Makes Sense* (1986) erscheint im Frühjahr 1989.

Der Autor

Charles Bukowski, 1920 in Andernach geboren, lebt seit seinem dritten Lebensjahr in Los Angeles. Nach Jobs als Tankwart, Schlachthof- und Hafenarbeiter begann er mit 35 Jahren zu schreiben und veröffentlichte bisher über 40 Prosa- und Lyrikbände.

Weitere Titel bei K & W

Der Mann mit der Ledertasche. Post-Office.
Roman. KiWi 11, 1982
Das Liebesleben der Hyäne. Roman. 1984.
KiWi 98, 1986
Flinke Killer. KiWi 65, 1984
Pacific Telephone. 51 Gedichte.
KiWi 76, 1985
Hot Water Music. Erzählungen, 1985
Die Girls im grünen Hotel. 51 Gedichte.
KiWi 87, 1985

Charles Bukowski

Die letzte Generation

Gedichte
1981–1984

Deutsch von Carl Weissner

Kiepenheuer & Witsch

Titel der Originalausgabe *War All the Time*
Poems 1981–1984

Auswahl und Übersetzung von Carl Weissner

Umschlag Manfred Schulz, Köln, nach einer Konzeption von
Hannes Jähn, Köln
Satz Froitzheim, Bonn
Druck und Bindearbeiten Clausen & Bosse, Leck
ISBN 3-462-01902-3

Für Darrell Vienna

Inhalt

Die letzte Generation

In den zwanziger Jahren war es viel einfacher
ein Genie zu sein, es gab nur drei oder vier
Literaturzeitschriften, und wenn man darin
vier- oder fünfmal was unterbrachte, konnte man
in Gerties Salon landen, man trank vielleicht mal
ein Glas Wein mit Picasso, oder auch nur
mit Miró.

Ach ja, und wenn man seine Sachen
aus Paris schickte, wurde die Aussicht
auf eine Veröffentlichung viel besser.
Die meisten Autoren schrieben unter ihren Text
»Paris« und das Datum.

Mit einem Mäzen im Rücken hatte man Zeit
für Schreiben, Essen und Trinken, Fahrten
nach Italien, auch mal nach Griechenland.
Es war gut, sich mit seinesgleichen
fotografieren zu lassen, es war gut,
schlank und adrett und geheimnisvoll
auszusehen. Fotos am Strand waren Spitze.

Tja, und den 15 oder 20 anderen konnte man
Briefe schreiben und über dies und jenes
lästern. Es konnte sein, daß man einen
Brief von Ezra oder Hem bekam; Ezra erteilte
gern Ratschläge, und Hem hielt sich mit
Briefeschreiben in Form, wenn es mit dem
anderen nicht ging.

Damals war alles noch ein großes
romantisches Spiel, voll von
unbändigem Entdeckerdrang.

Heute –

heute gibt es so viele von uns, Hunderte von
Literaturzeitschriften und Verlagen, Tausende
von Titeln.

Wer soll aus all diesem Mulm überleben?
Fast schon peinlich, danach zu fragen.

Ich schaue zurück, lese Biografien über die
Boys und Girls aus den Zwanzigern –
wenn sie die verlorene Generation waren,
was sind dann wir, an unseren elektrischen
Schreibmaschinen, umgeben von atomaren
Sprengköpfen?

Die letzte Generation?

Bei den Verlorenen wäre mir wohler als bei
den Letzten. Die Bücher über *sie* lese ich
mit einem Gefühl von Nachsicht und Sympathie,
der Selbstmord von Harry Crosby und seinem
Flittchen in einem Hotelzimmer scheint mir
so gegenwärtig wie der tropfende Wasserhahn
den ich nebenan aus meinem Badezimmer höre.

Ich lese gern von ihnen: Joyce, der kaum
noch was sah und wie eine Tarantel durch die
Buchhandlungen geisterte.
Dos Passos, der seine präzisen journalistischen
Sachen mit einem roten Farbband tippte.
D. H., geil und mißmutig. H. D., smart genug
ihren Namen abzukürzen, weil es viel
literarischer schien als Hilda Doolittle.

G. B. Shaw, längst etabliert, nobel und dumpf
wie einer aus dem Königshaus, Fleisch und Hirn
zu Marmor erstarrt, ein Langweiler.

Huxley, der genußvoll seinen Intellekt
vorführte und Lawrence entgegenhielt, daß

das Höchste nicht aus dem Bauch und den
Klöten kommt, sondern aus dem Kopf.

Und wie dieser Hinterwälder Sinclair Lewis
sich einen Namen machte.

Die Russen, mittlerweile, hatten die Revolution
hinter sich, waren frei und gingen
reihenweise ein.
Gorki hatte nichts mehr, wofür er kämpfen konnte,
saß in einem Zimmer und suchte nach Wendungen
um die Regierung zu preisen.
Viele andere noch, die am Sieg zerbrachen.

Heute –

heute sind wir so viele.
Aber wir sollten dankbar sein und
daran denken, was wir alles hinterlassen
werden, in hundert Jahren, falls die Welt
bis dahin nicht zerstört ist: Keine großen
Erfolge, aber auch keine Flops;
guter Durchschnitt, noch zusätzlich nivelliert
durch unsere schiere Masse. Wir werden alle
katalogisiert und abgeheftet sein.
Na schön...

Falls einer noch Zweifel hat, daß die Zwanziger
ein goldenes Jahrzehnt waren – es gab noch mehr
seltsame Kreaturen: Richard Aldington, Teddy
Dreiser, F. Scott, Hart Crane, Wyndham Lewis,
die Black Sun Press.

Doch für mich drehen sich die zwanziger Jahre
vor allem um Hemingway, der aus dem Krieg kam
und anfing zu schreiben.

Es war alles so einfach, so herrlich klar.

Heute –
sind wir so viele.

Ernie, du hattest keine Ahnung, wie gut es
gewesen war, als du dir vierzig Jahre später
das Hirn in den Orangensaft geballert hast.

Ich gebe zu, es war
ganze Arbeit, aber deine beste
war es nicht.

Da bin ich

Betrunken, um 3 Uhr morgens, am Ende meiner
zweiten Flasche Wein, 12–15 Seiten Poesie
getippt – ein alter Mann, noch im
Dämmerlicht seiner letzten Jahre
geplagt von der Gier nach jungem
Mädchenfleisch.
Leber futsch
Nieren kurz davor
Magen hin
Blutdruck turmhoch.

Die Angst vor den vertanen Jahren
lacht zwischen meinen Zehen,
keine Frau will mit mir leben
keine Florence Nightingale
die nach mir sieht.

Wenn mich der Schlag trifft, werde ich hier
sechs Tage liegen, und meine drei hungrigen
Katzen reißen mir das Fleisch von den Beinen,
den Händen, dem Kopf, während aus dem Radio
klassische Musik kommt.

Ich habe mir geschworen, nie Altmännergedichte
zu schreiben, aber das hier ist komisch,
versteht ihr, entschuldbar,
denn es kommt noch mehr
hier um 3 Uhr morgens:
Ich werde dieses Blatt aus der Maschine ziehen
mir noch ein Glas einschenken
ein weiteres Blatt einspannen
das frische neue Weiß schwängern.

Vielleicht wird es
nochmal was

erst für
mich

später
für euch.

Stürmischer Abend

Sie lächeln und bringen das Essen
sie lächeln und verbeugen sich
ein leichter Orkan rüttelt an den
Jalousien, der scharlachrote
Ibis erscheint und tanzt in dem Guano
auf meinem Teller.

Na, ich hab eh keinen Hunger.

Leda, Tyndareus, Klytämnestra,
Kastor, Pollux oder wen ich
sonst noch kenne
die würden das Zeug
auch nicht essen.

Ich sag ihnen, sie sollen mirs
einpacken. Sie lächeln und
schaufeln es mir in eine Tüte.

Später, in meiner Küche,
verteile ich es auf drei Teller
die ich auf den Boden stelle.

Meine drei Katzen starren zu mir
hoch und rühren sich nicht.
»Was ist denn?« frage ich,
»Was habt ihr? Freßt!«

Ein Schaben und Kratzen von
Zweigen, die der Sturmwind ans
Fenster drückt. Ich mache das
Küchenlicht aus, gehe nach vorn
ins Wohnzimmer, stelle den
Fernseher an und sehe, wie ein
Polizist einen Mann von der
Feuerleiter des obersten

Stockwerks schießt, kopfüber
stürzt der Mann herunter, fällt
und fällt und klatscht auf die
Straße.

Der muß nie mehr Szechuan-Krabben
mit chinesischen Erbsen essen.

Training für einen Kampf gegen Kid Aztec

Ich war ein junger Kerl, in Los
Angeles, rings um die Plaza gab es
kleine Bars, mexikanische, und eine
größere, die gut besucht war,
dort begann ich den Abend
aber es saßen nur brave Malocher drin
und die Stimmung war mir zu besinnlich
also ging ich wieder, kam in eine schmale
dunkle Gasse, folgte ihren Windungen,
das Klappmesser in der Tasche,
entdeckte am Ende der Gasse eine kleine
Bar, ging rein, setzte mich auf
einen Barhocker und bestellte
eine Flasche Bier.
Es waren vier Mexikaner drin, wenn man
den Barkeeper mitzählt, und ich
saß da, schaute gradeaus,
hob ab und zu mein Bier.

Ich war ein verbiesterter
Hundsknochen, zu allem
bereit, mit mir
legte man sich
besser nicht an...

Ich trank die Flasche aus
und bestellte noch eine.

»Wo zum Teufel sind die
Weiber?« fragte ich.

Keine Antwort.

»Ich sollte hier gar nicht
sein«, sagte ich, »ich trainiere

für einen Kampf im Olympic, vier
Runden, gegen Kid
Aztec...«

Schweigen.

Ich rutschte vom Hocker, stellte
mich aufrecht hin und knurrte
durch die Zähne: »Jemand Lust
auf 'n bißchen Sparring, hm?«

Keine Antwort.

Ich steckte eine Münze in
die Jukebox.
Die Platte lief an, und ich
machte Schattenboxen dazu.

Als die Musik zu Ende war
setzte ich mich wieder und
bestellte noch ein Bier.

»Ich bin ein Killer«, eröffnete
ich dem Barkeeper. »Der
geborene Killer... dieser
Kid Aztec tut mir
jetzt schon leid.«

Der Barkeeper nahm mein Geld
kehrte mir den Rücken zu und
verstaute es in der Registrier-
kasse.

Ich sagte zu seinem Rücken:
»Außerdem bin ich auch noch
Schriftsteller. Ich schreib
Kurzgeschichten, Romane,
Gedichte, Essays...«

»Señor, Sie schreiben
Gedichte?« fragte ein
korpulenter Mexikaner
am Ende der Bar.

»Shit, klar...«

»Von was handeln denn
Ihre Gedichte?«

»Liebe...«

»Ach... *Liebe,* Señor?«

»Liebesgedichte an
den Tod...«

Ich trank meine Flasche aus
und bestellte noch eine.

»*Ich* schreibe auch,
Señor...«

»Ach ja?«

»Ja. Ich steck meinen
Griffel in Frauen und
schreib ihnen was rein.«

Die anderen Mexikaner
lachten.
Ich wartete, bis sie
fertig waren.

»Ihr seid Idioten! Ihr
lacht wie Idioten!«

»Kann sein, Señor, aber
auch Idioten haben ein Recht
auf Lachen, nicht?«

Ich pellte das Etikett
von meiner Bierflasche
pappte es auf den Tresen
und trank die Flasche aus.

»Noch ein Bier, Señor?«
fragte der Barkeeper.

»Nee, das reicht, ich muß
morgen ausgeschlafen sein...«

Ich ging zur Tür.

»Viel Glück für Ihren Kampf
gegen Kid Aztec, Señor«,
sagte jemand.

Ich ging die schmale Gasse hoch
blieb in einer dunklen Ecke
stehen und kotzte, ging raus auf
die Straße, auf der Suche
nach einem Gedicht, einer besseren
Bar, irgendwas,
egal was.

Ich hatte sie nur gelangweilt
mit meinem gefährlichen Getue.

Die Abende waren alle gleich
und die Tage noch schlimmer.

Ich stellte mich am Rand der Plaza
unter einen Baum, zündete mir
eine Zigarette an und versuchte
wie ein Killer dreinzusehen.

Niemand schaute her.

Vielleicht würden sie's
auch nie tun.

Ich behielt das Streichholz
zu lange in der Hand und
verbrannte mir die Finger.
Laut fluchend setzte ich
mich in Bewegung und steuerte
den Bahnhof an.

Jemand hatte mir erzählt
die Nutten würden sie dort
direkt auf den Bahnsteigen
ablutschen...

Funken

Die Fabrik an der Santa Fé Avenue
war am besten.
Wir packten massive Neonröhren-
fassungen in lange schwere Kisten
und stapelten sie, jeweils
sechs übereinander.
Dann kamen die Verlader
räumten einem den Tisch ab
und man machte sich an
die nächsten sechs.

Zehn Stunden am Tag
vier an Samstagen
Tariflohn
ziemlich gut für ungelernte
Arbeitskräfte, und wenn man
nicht schon mit Muskeln ankam
legte man sich bald
welche zu.

Die meisten von uns in Jeans
und weißen T-Shirts
Zigarette im Mundwinkel
wir zischten auch so manches
Bier, und die Geschäftsleitung
drückte ein Auge zu.

Nicht viele Weiße.
Die Weißen waren lausige
Arbeiter und hielten sich
nicht lange.
Meistens Mexikaner und
Schwarze, ruppig und
abgebrüht.

Ab und zu blitzte eine
Messerklinge oder jemand
wurde zusammengeschlagen.
Die Geschäftsleitung
kümmerte sich nicht darum.

Die paar Weißen, die durch-
hielten, waren verrückt.

Die Arbeit wurde gemacht
und die jungen Mexikanerinnen
hielten uns bei Laune
machten uns Hoffnungen
und ihre Augen blitzten uns
vom Fließband
was zu.

Ich war einer der
verrückten Weißen
die durchhielten
ich langte kräftig zu
einfach weil es einen
Rhythmus hatte, und
im übrigen – scheiß drauf.
Und nach zehn Stunden
Schwerarbeit, gehässigen
Streitereien und handgreiflichen
Auseinandersetzungen mit denen
die nicht cool genug waren
um sich abzufinden
gingen wir und fühlten uns
immer noch frisch.

Wir stiegen in unsere
alten Autos, fuhren
nach Hause, tranken die
halbe Nacht, kloppten uns
mit unseren Frauen.

Am nächsten Morgen kamen
wir wieder, stempelten
unsere Karten, wußten genau
daß wir uns ausbeuten ließen
und die Reichen nur noch
reicher machten.

In unseren Jeans und weißen
T-Shirts stelzten wir herum
schoben uns an den jungen
Mexikanerinnen vorbei
gaben uns ruppig, waren
nicht viel, aber das
perfekt. Selbst verkatert
konnten wir den Job
jederzeit schaffen.

Aber an uns prallte
alles nur ab:
die verdreckten Wände
von denen der Putz
blätterte
der Lärm von Bohrern
das Ratschen der Klingen
die Funken.

Was für ein toller Haufen
waren wir doch in diesem
Ballett des Todes.

Wir waren Spitze
wir gaben ihnen mehr
als sie verlangten

und doch
gaben wir ihnen
nichts.

Verlust

Im Bett, nachdem ich die
ganze Strecke da runter
geflogen war, im Bett
sagte ich hinterher
zu ihr: »Es wird nie mehr
wie es mal war, weißt du,
es ist ein gottverdammter
Jammer...«

Das war es auch
obwohl ich 2 oder
3 Tage blieb
und dann fuhr sie mich
zum Flughafen und
auf dem Rücksitz fuhr
der Hund mit
der Hund, der die
paar Jahre mit uns
gelebt hatte.

Ich stieg aus und
sagte: »Komm nicht
mit rein.« Der Hund
sprang an mir hoch
er wußte, daß ich
fortging, ich knuddelte
ihn und er sabberte mir
das Gesicht voll.
Ach Scheiße.
Die Reisetasche
in der Hand
beugte ich mich
zu ihr rein
sie gab mir einen
kleinen Abschiedskuß
dann drehte ich mich um

ging in die Abfertigungs-
halle und legte am
Schalter mein Rückflug-
ticket vor.

»Raucher oder Nicht-
raucher?« fragte die
Angestellte.

»Trinker«, sagte
ich.

Ich bekam meine Bordkarte
und ging zum Flugsteig
mit traurigen Gefühlen

für alle, die
ich kannte

nicht kannte

noch kennen-
lernen würde.

Geknickt

Im Abendregen
siehst du den großen
Fernlaster, das Fahrer-
haus nach vorn über den
Rand des Freeway geknickt
und auf der Seitenwand
in roten Buchstaben:
LUCKY

Und während deine Scheiben-
wischer schaben und pulsieren
denkst du: Ich hätte zu Hause
bleiben und an meinen Krakel-
zeichnungen für den nächsten
Roman arbeiten sollen

Dann schämst du dich, daß dir
so ein biederer Gedanke überhaupt
kommt, du trittst aufs Gas,
überholst, schlängelst dich
zwischen den anderen durch

Stellst das Radio lauter
und eine Sexbombe singt davon
wie gern sie deine Liebe
hätte

Du gleitest dahin
kommst ans Ende
des Freeway

Rote Ampel

Mit den anderen
sitzt du da
im Regen

Viele von ihnen
hören sich wahrscheinlich
dieselbe Sexbombe an
die davon singt
wie gern sie
ihre Liebe
hätte

Du denkst an den armen
Kerl in dem LUCKY
Fernlaster und fragst dich
ob es ihn den Job
kosten wird

Dann springt die Ampel
um und es geht weiter
auf den Boulevard.

Mit zwanzig

Meine Mutter klopfte in der
Pension an meine Tür
kam herein, schaute in die
Schublade der Kommode:
»Henry, hast du denn keine
sauberen Socken? Wechselst
du nie die Unterwäsche?«

»Mom, ich will nicht,
daß du hier rumstöberst...«

»Ich hab gehört, hier gibts
eine Frau, die spät abends
zu dir ins Zimmer kommt
und mit dir trinkt, sie wohnt
gleich da hinten im Flur.«

»Sie ist in Ordnung...«

»Henry, du kannst dir eine
schreckliche Krankheit
holen.«

»Yeah...«

»Ich hab mit deiner Wirtin
gesprochen, sie ist eine nette
Dame, sie sagt, du liest
anscheinend eine Menge Bücher
und nachts, wenn du einschläfst
fallen sie dir auf den Boden
sie können es im ganzen Haus
hören, schwere Bücher, eins
um Mitternacht, dann um
eins, um zwei wieder und
nochmal eins um vier.«

Als sie gegangen war
nahm ich die ausgeliehenen
Bücher und brachte sie in
die Bibliothek.
Zurück in der Pension
stopfte ich die schmutzigen
Socken, die schmutzige Unter-
wäsche, die schmutzigen Hemden
in den Pappkoffer
fuhr mit der Straßenbahn
noch Downtown und stieg
in den Trailways Bus
nach New Orleans.
Ich schätzte, daß ich bei der
Ankunft noch zehn Dollar
haben würde, und dann
sollten sie eben mit mir
machen was sie wollten.

Das taten
sie auch.

Dezember 1941

Zweiter Weltkrieg, und ich
war einundzwanzig und saß
mal wieder in einem Bus
nach New Orleans.

Eine Menge Soldaten
in diesem Bus;
nur zwei junge
Männer, die nicht
in Uniform waren:

Ein rothaariger
Typ und
ich.

Der Rothaarige
rechtfertigte sich
andauernd vor den
Army Boys:

»Jessas, ihr müßt
mir glauben, ich wollt
ich könnt mit euch
in den Krieg, aber
ich kann nicht
ich hab'n Herz-
fehler!«

»Is ja gut«,
sagten sie.

Ich hatte keine
Beichte nötig
sondern einen Trost-
spender.
Ich zog meine

Flasche raus
trank einen
Schluck, sah
aus dem Fenster...

Es ging auf den
Abend zu, als der Bus
am Rand der Wüste
von einem Trupp Soldaten
angehalten wurde.

Zwei von ihnen
kamen zu uns
rein.

Schwergewichtig
trampelten sie sich
einen Pfad über aus-
gefranste Nerven an
der Grenze zwischen
Ordnung und Unordnung.

Sie fragten jeden
Passagier nach seinem
Geburtsort.

Wie es schien
waren neun Zehntel
der Leute im Bus
im Mittelwesten
geboren.

Als sie zu mir
kamen, sagte ich:
»Pasadena,
Kalifornien.«

»Wo fahren Sie hin?«

»Zu ner Beerdigung.
Mein Bruder ist
gestorben.«

Sie arbeiteten sich
weiter durch den Bus
und kamen zu einem
alten Mann –

»Wo sind Sie geboren?«

»Ich finde«, sagte der
Alte, »das geht euch
nichts an.«

»Sir, ich frage Sie
noch einmal: Wo
sind Sie geboren?«

»Wir leben hier in
einer Demokratie. Ich
brauche auf diese Frage
nicht zu antworten.«

»*Du elender
Drecksack!*«

Der Soldat packte
den alten Mann
hinten am Mantel-
kragen
zerrte ihn vom
Sitz hoch
und dann schleiften
sie den Alten
den Gang runter und
vorne zur Tür raus.

Der Bus stand da
und wir schauten alle
aus dem Fenster und
sahen, wie die Soldaten
ihn umringten.

Wir hörten:
»Dich buchten
wir ein!«

»Aber mein Gepäck
ist noch im Bus!«

»Scheiß auf dein
Gepäck!«

Ein Soldat gab
dem Busfahrer
ein Zeichen.
Die Tür ging zu
und der Bus
fuhr weiter.

Draußen wurde es
rasch dunkel.
Eine Weile
blieben alle
still.

Dann fing der
Rothaarige
wieder an:

»Hört mal, ich
will wirklich
in den Krieg, ich
würde alles drum
geben! Wenn ich
bloß nicht diesen
Herzfehler hätte!«

Der Bus fuhr
weiter durch die
Nacht.

Der Keiler

Er brachte keinen Puck ins Netz
er war zu langsam, ein dumpfer
Keiler, sonst nichts.
Wenn einer vom gegnerischen
Team mit Rippenstößen und
Tritten anfing, schickten wir
ihn rein mit der Anweisung
den Scheißer kleinzumachen.
Der Keiler kurvte aufs Eis
und bleckte seine gelben Zähne
zu einem Grinsen – endlich
konnte er sich nützlich machen.
Wie der Tod nahm er
sein Opfer ins Visier:
fünf Minuten später krümmte sich
ein Gegner am Boden, gerammt,
mit Schläger und Schlittschuh
malträtiert, erledigt für den
Rest des Spiels, vielleicht
den Rest der Saison. Und der
Keiler hockte auf der Strafbank,
grinste, hatte seine Arbeit
getan.

Niemand mochte ihn.
Selbst hinterher, in der
Kabine, sprachen wir kaum
mit ihm.
Er wußte Bescheid.
Ich meine, wir sagten mal
was zu ihm, und manchmal
riß einer der Jungs sogar
einen Witz über seinen
letzten Einsatz. Aber
es wurde nicht viel gelacht.

Anschließend wartete draußen
seine Frau in einem alten
grünen Kombi, einem unglaublich
verbeulten Schlitten. Er
stieg ein, und sie fuhren
los, d. h. sie fuhr, eine
sehr hochgewachsene Frau mit
einem großen Kopf, und wie
immer funktionierte an der
Karre nur das rechte Rücklicht.

Er wußte, wozu
er da war.

Die Wände

Ein paarmal durch die Kneipen
gezogen und eine dicke Mama
mit aufs Zimmer genommen
du machst es mit ihr
schläfst ein, wachst am
nächsten Morgen auf, und
deine Brieftasche ist
mal wieder weg

kein Job
kein Essen
keine Miete

nur Katerstimmung und
die dunklen schrundigen
Wände.

Nach einer Weile
steckst du deine Brief-
tasche jetzt in die
Hosentasche, hast immer
ein Messer dabei, stopfst dir
die meisten Scheine in den
Schuh. Wenn du was
abheben willst, gehst du aufs Klo.

Es wird eine richtige
Angewohnheit.
Selbst wenn du allein in
dein Zimmer zurückkommst
versteckst du automatisch
die Brieftasche, und wenn
du aufwachst, mußt du
stundenlang danach suchen...

Du wirst es nicht mehr los.
Selbst wenn du mit einer
Frau gebechert hast, der du
traust und mit der du zusammen-
lebst – nach dem Aufwachen
sagst du oft zu ihr: »Scheiße
ich kann meine Brieftasche
nicht finden!«
»Ach du weißt doch, daß sie
da ist«, sagt sie, »du hast
sie nur irgendwo versteckt.«
Und nach einigen Stunden
findest du sie.

In den alten Zeiten kam es
zu merkwürdigen Vorfällen:
Einmal brachte ich einige
Bücher in die Bibliothek
zurück, und als die
Bibliothekarin sie gerade
nehmen wollte, sagte ich:
»Augenblick mal, bitte ...«
Ich hatte einen schmalen
grünen Streifen entdeckt.
Ich klappte das Buch auf
und zog drei Zwanziger und
einen Zehner heraus.

Ein andermal, in einer
Absteige in Texas, nach
einer wüst durchzechten
Nacht, fand ich am Morgen
meine Brieftasche, aber
nicht mehr das Geld.
Die Miete war fällig
und ich erzählte der Wirtin
ich hätte mein Geld
verloren ...
Als ich nach einem traurigen

Gang durch die Straßen
wieder reinkam, wartete sie
schon auf mich. In der Hand
hatte sie ein Bündel
grüne Scheine.
»Mr. Chinaski, ich hab
bei Ihnen saubergemacht und
bin mit dem Staubsauger immer
an eine Beule im Teppich
gestoßen. Ich hab den Teppich
gelüpft, und da lag es
drunter...«

Eine ehrliche Dame. Reizend.

Zum Glück sind mir danach
noch mehr ehrliche, reizende
Damen begegnet, und manche
haben mir sogar Geld *in* die
Brieftasche getan, ich bin
also überhaupt kein Frauen-
hasser, denn schließlich
habe ich insgesamt nur zwei-
oder dreihundert Dollar
Miese gemacht.
Aber gegen die dicken Mamas
von der Straße hab ich was,
denn ich finde, das unschönste
Verbrechen von allen ist
wenn die Armen von den
Armen stehlen, nachdem man
geredet und getrunken und
gelacht und sich geliebt hat
und wieder auseinandergegangen ist
und dann wacht man auf
in einer fremden Stadt –
pleite, verkatert, allein,
umgeben von dunklen
schrundigen
Wänden.

Dagwood und Blondie

Ich stieß herunter und
erwischte ihn von
hinten – ein Schwall
von Leuchtspurgeschossen
und sein Treibstofftank
explodierte. Ich sah
wie er versuchte, aus dem
Cockpit zu klettern, aber
er konnte nicht mehr
abspringen, die lichterloh
brennende Maschine schmierte
über den rechten Flügel ab
trudelte abwärts und
knallte ins Meer.

Ich kreiste über der
Stelle. Nichts mehr
übrig.

Einer muß gewinnen
in so einer
Situation.

Ich nahm wieder Kurs
auf den Stützpunkt.

Nun ja. Er hatte das eine
hinter sich gebracht
was jeder mal
tun muß.

Ich hatte es
noch vor mir.

Es konnte aber
ruhig noch auf sich
warten lassen.

Zumal an einem so
bemerkenswert schönen
Tag.

Ginsberg?

Ich sitze auf der Klubhaus-
tribüne, habe bereits
311 Dollar angeschafft und
tüftle grade meine Wette
für das siebte Rennen aus
da kommt dieser blutjunge
Kerl auf mich zu und bleibt
vor mir stehen.

»Entschuldigen Sie«, sagt er.

»Ja?«

»Hören Sie«, sagt er, »ich
glaube, ich kenne Sie ...«

»Nein«, sage ich, »tust du
nicht.«

»Sind Sie nicht ein Bekannter
von Allen Ginsberg?«

»Ich kenne keinen
Ginsberg ...«

»Hatten Sie nicht eine Lesung
in einem Nachtklub, der sich
Sweetwater nennt?«

»Ich weiß nicht, was eine
Lesung ist ...«

»Hören Sie«, sagte er, »ich
kenne Sie doch!«

Ich stehe auf und
seh ihm ins Gesicht.

»Hör mal, Kumpel, ich
arbeite als Gärtner für
ein paar reiche Leute.
Damit schlage ich mich
durch.«

Ich drehe mich um
gehe durch die Sitz-
reihen davon und
fühle mich gut
wie sich ein Gärtner
fühlen sollte
der nach einem Ehekrach
sein Glück am Wettschalter
versucht.

Sie sagte:

Wie kommen all die Papier-
servietten in deinen Wagen?
Das sind keine Servietten
von uns.
Wieso ist dein Autoradio
immer auf einen Rock 'n' Roll-
Sender eingestellt?
Fährst du mit einem
jungen Ding
spazieren?

Du läßt
Tangerinensaft auf
den Boden tropfen.
Jedesmal, wenn du
in der Küche warst
ist dieses Handtuch
naß und schmutzig.
Wie kommt
das?

Wenn du mir ein
Bad einläßt
machst du vorher
nie die Wanne
sauber.

Warum tust du deine
Zahnbürste nicht
in den Halter
zurück?

Du solltest deinen
Rasierapparat immer
abtrocknen.

Manchmal denke ich
du haßt meine
Katze.

Martha sagt
du hast unten
mit ihr gesessen
und hattest die
Hose aus.

Du solltest mit diesen
Hundert-Dollar-Schuhen
nicht in den
Garten.

Und du merkst dir nie
was du da draußen eingesät hast.
Das ist
dumm.

Du mußt den
Katzenteller
immer an den
gleichen Platz
stellen.

Fisch
backt man
nicht in einer
Bratpfanne.

Ich hab noch
keinen gesehen
der die Bremsen
seines Autos so
malträtiert wie
du.

Komm, wir
gehn ins
Kino.

Sag mal, was
ist denn mit dir?
Du wirkst so
deprimiert.

Der Ninja

Spät abends
schau ich mir
im Fernsehen
diesen Chinesen an
er ist sehr gut
mit dem Schwert
er schlägt damit
Köpfe ab
oder rammt es
glatt durch
oder läßt es über
Kehlen zucken

Blut spritzt
Köpfe rollen
wie Melonen.

Der Film wurde
in Fernost
gedreht

daher wirkt es
glaubhaft.

Ich rauche und
trinke im
Dunkeln
und denke:

mein Kopf
ist noch
drauf

während der Ninja
sechs oder sieben

Männer in drei Minuten
killt.

Ich sitze da
und sehe zu

die Opfer
tun mir nicht
mal leid

denn
wichtig ist
schließlich

daß ein Mann
sich versteht
auf das, was
er tut

natürlich
das Unwichtige
hat auch seine
Notwendigkeit

oft ist es ganz gleich:
wichtig oder
unwichtig –
ein und das-
selbe

mein Kopf
ist noch
drauf

ich schütte
ihm einen
Drink rein
und seh mir
weiter den
Ninja an:

er und ich
jeder mit sich
allein
für immer.

Die richtige Einstellung

Immer öfter jetzt
Gedanken über den Tod.
Herrje, es wird zwanghafter
als das Wetten auf Pferde.
Aber es gibt einem
was zum Sinnieren.

Ich erinnere mich an
Henry Miller in der
Tom Snyder Show –
Tom fragte Henry (der
damals schon sehr
sehr alt war):
»Mr. Miller, denken Sie je
ans Sterben?«
und er antwortete ganz
schlicht: »Natürlich
tu ich das.«

Ich erinnere mich an
ein starkes Gedicht
von D. H. Lawrence
über den Tod:
»Dann bau das
Totenschiff
denn du mußt die
längste Reise antreten
– ins Vergessen.«

Die Christen hauen
ungefähr in die
gleiche Kerbe.
Neulich, auf dem
Freeway, fuhr einer
vor mir her, der hatte
einen Aufkleber hinten

drauf: STIRB NICHT OHNE
JESUS.

Andererseits erlebt man
Macho-Typen in
Fabriken und Kneipen
die sagen:
»Das einzig Wahre ist
man stirbt beim Ficken.«

Na, das
hab ich auch schon
wer weiß wie oft
getan.

Eine Nacht auf Kreditkarte

Ich trank das Glas
Wein aus, schenkte mir
nach, trank einen
Schluck davon
steckte mir eine
Zigarette an.

Das Motelzimmer war
bezahlt bis nächsten
Morgen um elf.
Neckische winzig-
kleine weiße Handtücher
im Badezimmer
Seifestückchen
einzeln abgepackt
Gläser aus Zelluloid
Papierschablone auf dem
Toilettensitz.

Ich stellte den alten
Schwarzweiß-Fernseher an
ließ den Ton abgedreht
sah mir nur die
Gesichter an.
Ein Mann und
eine Frau.
Es schien Ärger
zu geben. Sie hatten
unglückliche Gesichter
die aber den meisten
Leuten wahrscheinlich
schön vorkamen.

Ich sah zu, rauchte,
trank noch einigen
Wein.

Dann knipste ich den
Apparat aus
stieg aus der Unterhose
ging rüber zum Bett
zog die Decke und das
Laken zurück
kroch rein.

Durch die Jalousie
konnte ich sämtliche
Neonreklamen
draußen auf dem
Sunset Boulevard
sehen.
Ich stand auf
machte die Jalousie
dicht, legte mich
wieder hin. Jetzt
war es stockdunkel.
Perfekt.

Es klopfte an die
Tür. Ich machte auf
ließ die Kette dran
und schaute raus.

Sie war zurück.
Ich ließ sie
rein.

»Es war gräßlich«,
sagte sie, während
sie sich auszog.
»Auf dem Parkplatz
wollte mich so ein
Schwein vergewaltigen
und mir die Handtasche
klauen! Ich hab ihn
in die Eier getreten!

Verglichen mit ihm
siehst sogar du
gut aus!«

»Danke, Sherrie,
ich fühl mich
geehrt...«

Sie kletterte
zu mir ins Bett.

»Ich will bloß runter
von den beschissenen
Straßen!«

»Yeah. Ich weiß
was du meinst.«

»Was im Fernsehen?«
fragte sie und
schüttete sich Wein
ins Glas.

»Nur ein Programm«,
sagte ich.
Ich stand auf
stellte das Gerät
wieder an, diesmal
mit Ton, und ging
zurück zum Bett.

Auf dem Bildschirm
sagte die Frau grade
zu dem Mann: »Du mußt
dich entscheiden
zwischen deiner Frau
und mir! Ich bin es
leid, daß wir alles
heimlich tun! Ich will

daß wir unsere Liebe
zeigen! Mit Fanfaren
und flatternden Fahnen!«

Der Mann senkte
den Kopf und
schwieg.

Ich füllte
der Dame neben mir
wieder das Glas
auf.

Um elf Uhr früh
würde jeder von uns
wieder woanders sein
und das Zimmermädchen
würde hereinkommen
und saubermachen.

Sie würde wieder
auf der Straße
anschaffen und ich
ab und zu was
drüber schreiben.

Doch jetzt saßen wir
auf unseren sieben
Buchstaben
Kissen im Rücken
den Aschenbecher
zwischen uns auf
dem Bett und
tranken unseren
Wein aus Plastik-
gläsern.

Der Film war grauenhaft
aber es war schön

im Dunkeln zu sitzen
und ihn anzusehen
zu rauchen, zu trinken
und nichts sagen
zu müssen.

Es passiert mir immer wieder

Sie gestand mir
warum sie es
getan hatte:

»Als ich das erste Mal
in deine Bude kam
schaute ich mich um
und alles war verdreckt
aber du warst der erste
Mann in meinem Leben
der keinen Fernseher
hatte, und in dem
Augenblick hab ich
beschlossen, mit dir
ins Bett zu gehn.«

Was mir daran
natürlich gar nicht
behagte, war
daß jemand an
meiner Stelle etwas
entschieden hatte.

Also erstand ich
für 75 Dollar einen
gebrauchten Schwarzweiß-
Fernseher.

Aber sie ging
immer noch mit
mir ins Bett.

Deshalb kaufte ich
einen Farbfernseher

mit großem Bildschirm
und Fernbedienung.
Sie ging weiter
mit mir ins
Bett.

Aber wir hörten nur
Radio
futterten Sandwiches
im Park
lernten alle ihre
Schwestern kennen
und warteten darauf
daß es endete.

Kreaturen von einem anderen Stern

Sie sind jeden Samstag-
nachmittag auf der
Rennbahn: zwei ungeheuer
dicke Männer
eine dicke Frau und
ihr Sohn, der auch schon
unförmig wird. Einer der
beiden Männer ist sein
Vater.

Sie sitzen nebeneinander
essen Hotdogs
trinken Bier und
brüllen gemeinsam
während des Rennens
und danach. Egal
wer gewinnt: sie
brüllen. Zwischen
den Rennen streiten
sie sich, während sie
Hotdogs und Bier
konsumieren.

Ich beobachte sie
aus einiger Entfernung.
Sie sind interessanter
als die Pferde oder
der Krieg in
Nicaragua.

Ich sehe, wie
der dickste Mann
seinen großen Becher
Bier ansetzt und eine

Menge Gebräu schluckt.
Sein Mund ist
merkwürdig klein
er beißt in den Becher
das Bier läuft ihm
links und rechts heraus
am Kinn herunter und
aufs Hemd.
Er zerrt den Becher
aus dem Mund und brüllt:
»SCHEISSE!«

»DU ARSCHLOCH!«
schreit ihn die
dicke Frau an.

»HALTS MAUL!«
brüllt er zurück.

Dann sitzen beide da
kein bißchen wütend
als wäre nichts
gewesen.

Der andere
Dicke sagt:
»ICH SETZ AUF
DIE 6, DIE 3 UND
DIE 9!«
Bei ihm ist es
Umgangston,
bei jedem anderen
würde man sagen
schrei doch nicht so.

Der Sohn trägt
eine rote Hose
weißes T-Shirt
weiße Tennis-
schuhe.

Die beiden Männer
schwarze Hosen
weiße T-Shirts
und blankpolierte
schwarze Schuhe.
Sie wirken wie
Brüder.

Die Frau trägt ein
angeschmuddeltes
weißes Kleid und
verblichene grüne
Tennisschuhe
ohne Socken.

Ich beobachte sie
wie sie ihren
großen Pappbecher
Bier hebt, auch sie
hat einen winzigen
Mund, aber
sie hat den Rand
des Bechers zu einer
kleinen Tülle gequetscht.
Sie trinkt aus
drückt den Becher zusammen
wirft ihn weg, rülpst
und fragt: »WER SCHMEISST
DIE NÄCHSTE GOTTVERDAMMTE
RUNDE?«

Niemand setzt sich
in die Nähe der
vier.

Das, denke ich,
könnten Kreaturen
von einem anderen
Stern sein.

Mir sind sie
ganz sympathisch.
Ihre Interessen sind
begrenzt, aber sie
machen einem auch
nichts vor.

»Ich geh heut abend
nach Gardena!« sagt
der eine, der nicht
ganz so dick ist wie
der andere.

»Mit den alten Omas
kannst du nichts werden!« sagt der
Fettwanst. »Denen
ist jeder Schritt
zuviel!«

»Ach hör auf!«
sagt die Frau.

Der Sohn
mit der roten Hose
sagt nie etwas
er sitzt und
steht nur rum
und wird immer
dicker.

Dann kommen
die Pferde zur
Parade heraus.

»Shoemaker der
Schummler!« brüllt
der Fettwanst zum
erfolgreichsten Jockey
der Welt hinunter.

Shoemaker blinzelt kurz
und reitet weiter.
Als mehrfacher Millionär
versteht er den Groll
von Verlierern.

Dann springt die
Frau auf.
Naja, sie springt
nicht... sie kommt
hoch, ein Berg von
einem Weib, und sagt:
»Hey, habt ihr das
gesehn? Das Pferd
mit der 5 hat grad
geschissen! Jetzt
ist es leichter!
Jetzt ist es im
Vorteil! 25 für 1!
Das ist meine gott-
verdammte Wette!«

»Hock dich hin!«
sagt der Fettwanst.
«Du stehst mir
in der Sonne!«

Ich stehe auf und
gehe zum Wett-
schalter.
Ich setze auf
Shoemaker den
Schummler.

Als ich zurück-
komme, sind sie
verschwunden.
Ich kann es mir
nicht erklären.

Das Rennen wird
gestartet.
Shoemaker, mit
5 : 1 notiert, wird
Erster. Ich hab ihn
mit 20 auf Sieg.

Sie kommen nicht
wieder; nach diesem
Rennen nicht, auch
nach dem nächsten
nicht, und mir wird
klar, daß sie
gegangen sind.

Ich spüre eine
Enttäuschung, die ich
nicht mehr abschütteln
kann.

Sie sind fort
sie sind woanders
trinken Bier und
futtern
werden dicker
und lauter

diese gräßlichen
unausstehlichen
unbesiegten
Wesen.

Sie fehlen mir.

Ein zäher Bursche

Er kam eines Abends an die Tür
durchnäßt, abgemagert, getreten
und terrorisiert
ein weißer schielender
schwanzloser Kater.
Ich nahm ihn auf und fütterte ihn
er blieb und faßte Zutrauen zu mir
bis ein Freund die Einfahrt hochkam
und ihn überfuhr.
Ich brachte, was übrig war, zu einem
Tierarzt, der sagte: »Kaum noch
eine Chance... geben Sie ihm diese
Tabletten... sein Rückgrat ist gebrochen
aber das war es schon mal und ist
irgendwie wieder geheilt... wenn er
am Leben bleibt, wird er nie mehr
gehen können, schauen Sie sich diese
Röntgenaufnahmen an, man hat auf ihn
geschossen, sehn Sie, da, die Schrot-
kugeln stecken noch drin... einen Schwanz
hatte er auch mal, den hat ihm jemand
abgeschnitten...«

Ich nahm den Kater wieder mit, es war
ein heißer Sommer, einer der heißesten
seit Jahrzehnten, ich legte ihn
im Badezimmer auf den Boden, stellte ihm
Wasser und Tabletten hin, er wollte nichts
fressen, rührte auch das Wasser nicht an,
also tunkte ich den Finger rein und
feuchtete ihm die Schnauze an und redete
mit ihm, ich ging nirgends mehr hin
ich verbrachte eine Menge Zeit im
Badezimmer, redete ihm gut zu, streichelte
ihn und er sah mich an mit diesen blaß-
blauen schielenden Augen, so vergingen

die Tage, und dann machte er den ersten
Versuch, er robbte mit den Vorderpfoten
voran (die Hinterläufe gehorchten ihm nicht)
er schaffte es bis zur Katzenkiste
kroch über den Rand und hinein
es war wie der Fanfarenstoß eines möglichen
Sieges, der aus dem Badezimmer über die
ganze Stadt hallte, ich konnte ihn
so gut verstehen, diesen Kater – ich
war auch schon schlimm dran gewesen, nicht
so schlimm, aber schlimm genug...

Eines Morgens rappelte er sich auf
stand da, fiel wieder um und schaute mich
nur noch an.

»Du kannst es schaffen«, sagte ich.

Er versuchte es immer wieder, stand auf,
fiel wieder um, schließlich machte er ein
paar Schritte, wie ein Betrunkener, die
Hinterläufe wollten einfach nicht, er fiel
wieder um, ruhte sich aus, stand wieder auf.

Den Rest kennt ihr: Heute ist er besser drauf
denn je. Schielend, fast zahnlos, aber
er hat seine Würde zurück, und dieser Blick in
seinen Augen hat ihn nie verlassen...

Jetzt habe ich manchmal Interviews zu geben
sie wollen etwas hören über Leben und
Literatur, und ich betrinke mich, halte
meinen schielenden, angeschossenen
überfahrenen schwanzlosen Kater hoch und
sage: »Schaut her, schaut euch *das* an!«

Aber sie verstehen nicht, sie kommen mir
mit etwas wie: »Sie sagen, Sie sind be-
einflußt von Céline?«

»Nein.« Ich halte den Kater hoch. »Von dem
was passiert. Von so etwas hier. Davon,
davon!«

Ich schüttle den Kater, halte ihn hoch im
verräucherten betrunkenen Licht, er ist
ganz entspannt, er kennt das schon...

An dem Punkt enden dann die Interviews
und stolz darauf bin ich nur, wenn ich
später mal die Fotos sehe – da bin ich
und da ist der Kater, wir beide gemeinsam
auf einem Foto.

Auch er weiß, daß es Quatsch ist
aber daß es alles irgendwie hilft.

Unsere seltsame Haltung

Saroyan sagte, als es mit ihm zu Ende ging:
»Ich dachte, ich würde nie sterben...«

Ich weiß, was er meinte.
Ich stelle mir vor, daß ich ewig
einen Einkaufswagen durch einen
Supermarkt schiebe
nach Zwiebeln, Kartoffeln und
Brot suche
und die komischen verformten
Frauen betrachte, die dasselbe
tun.
Ich stelle mir vor, daß ich ewig
über den Freeway fahre
und durch eine verschmutzte
Windschutzscheibe schaue
während aus dem Radio etwas kommt
das ich nicht hören will.
Ich stelle mir vor, daß ich ewig
nach hinten gekippt auf dem
Behandlungsstuhl eines Zahnarzts
liege, den Mund gewaltsam
gespreizt, und davon träume
daß ich in *Who's Who in America* bin.
Ich stelle mir vor, ewig in einem
Zimmer zu sein mit einer Frau
die deprimiert und unglücklich ist.
Ich stelle mir vor, ewig in der
Badewanne zu liegen, unter Wasser
zu furzen und stolz die
blubbernden Blasen zu betrachten.

Aber sterben? Nein...
Blut, das mir aus beiden
Nasenlöchern spritzt
mein Kopf, der auf die

Tischplatte kracht
meine Finger, die ins Dunkle
ins Leere greifen...
undenkbar.

Ich stelle mir vor, daß ich ewig
in Unterhosen auf dem Bettrand
sitze und mir lächelnd
große häßliche Rinden von
den Zehennägeln schneide
während das Telefon klingelt
und mein weißer Kater auf dem
Fensterbrett hockt und hinaus
auf die Stadt schaut...
In den Ruhepausen zwischen
einer Agonie und der nächsten
ist das Leben so eine
angenehme Gewohnheit.
Ich verstehe, was Saroyan
sagen wollte.

Ich stelle mir vor, daß ich ewig
die Treppe hinuntergehe
die Haustür öffne
an den Briefkasten gehe
und all die Werbezettel finde
denen ich auch kein
Wort glaube.

Die Krankheit

Wenn ich
in einer Nacht
fünf oder sechs Gedichte
geschrieben habe
die ich gut finde
mach ich mir sofort
Gedanken:

Was ist, wenn das
Haus abbrennt?

Was mir Sorgen macht
ist nicht das Haus,
sondern daß
die fünf oder sechs
Gedichte
verbrennen

oder daß eine
ehemalige Freundin
hier einbricht
während ich weg bin
und die Gedichte
stiehlt oder
vernichtet.

Nach fünf oder sechs Gedichten
bin ich ziemlich
betrunken
ich sitze da
trinke noch einiges
und überlege, wo
ich sie verstecken
soll.

Manchmal verstecke ich
sie schon, während

ich noch drüber
nachdenke
und wenn ich mich dann
dazu entschließe, kann
ich sie nicht mehr
finden...

Dann geht das
Suchen los.

Das ganze Zimmer
ist eh voll von
Papier
und
ich bin sehr clever
im Verstecken von
Gedichten
vielleicht stelle ich mich
beim Verstecken
sogar besser an
als beim Schreiben.

Na gut
ich finde sie
trinke noch ein Glas
verstecke sie wieder
vergesse, wo
und leg mich
schlafen.

Am Morgen
wenn ich aufwache
fallen mir die
Gedichte ein
und ich fange an
zu suchen...
meistens dauert
die Qual nur
zehn oder fünfzehn

Minuten –
ich finde sie
lese sie
und sie gefallen
mir nicht mehr
so besonders.

Aber
wißt ihr
nach so viel
Arbeit und
Trinkerei
nach all dem
Verstecken
Suchen
Finden

sag ich mir
es ist nur fair
wenn ich sie
rausschicke
als Dokument
meiner Mühen.

Und wenn sie
angenommen werden
erscheinen sie
in einer kleinen
Zeitschrift mit
einer Auflage
zwischen 100 und
750 Stück

anderthalb Jahre
später

vielleicht.

Das ist
es mir
wert.

Steck es weg

Ich war so verkrampft
daß meine Scharniere
quietschten, ich warf
alle drei Katzen raus
fuhr über zwei Brücken
gewann 414 Dollar auf
der Trabrennbahn
fuhr nach Hause
hörte mir die Erste
von Schostakowitsch an
schrubbte dann endlich
den Dreckrand in der
Badewanne weg, ließ
Wasser ein, badete
und trank eine Flasche
gut gekühlten Weißwein
dazu
frottierte mich ab
legte mich ins Bett
die Füße nach Osten
holte tief Luft
und ließ es raus:
den Schmerz und die
Niederlagen der Welt.
Dann schlief ich
wie ein Baby
mit großen dicken
Eiern und silber-
grauem Haar.

Der Star

Trunkenheit am Steuer.
Sie holten mich aus
meinem Wagen, legten
mir Handschellen an
und ich mußte mich im
Regen am Straßenrand
hinlegen.

In ihren gelben Regen-
mänteln standen sie
um mich herum: Besatzungen
von drei Streifenwagen.

Das Wasser weichte mir
die Kleider ein.
Ich schaute durch den
Regen hinauf zum Mond
und dachte: Da bin ich,
62 Jahre alt, und sie
schützen mich mal wieder
vor mir selbst.

Ich kam grade
aus der Premiere
eines Films
in dem es um
das Leben eines
trunksüchtigen
Dichters ging:
meines.

Dies war nun
mein kritischer
Kommentar
dazu.

Der Tag, als der Epileptiker sprach

Neulich
bin ich draußen
auf der Rennbahn
und wette Early Bird
(das sind Wetten, die man
schon vor Öffnung der
Bahn plaziert).
Ich sitze da
trinke einen Kaffee
und studiere die
Rennliste, da kommt
dieser Kerl auf
mich zu –
sein Körper ist ganz
verkrümmt, sein Kopf
wackelt, seine
Augen sind verdreht
Spucke glitzert auf
seinen Lippen.

Er sägt sich an mich
ran und fragt:
»Entschuldigen Sie
können Sie mir die
Nummer von Lady of Dawn
im ersten Rennen
sagen?«

»Das ist die 7«,
sage ich ihm.

»Vielen Dank, Sir«,
sagt er.

Am Abend
nein, es war schon

am nächsten Morgen
Null Uhr vier
bringt die Station KLAC
die Ergebnisse der
Viertelmeilenrennen von
Los Alamitos:
Lady of Dawn
sagt der Sprecher
siegte im ersten Rennen
und zahlte $ 79,80.

Das war vor zwei Wochen
und seither war ich
an jedem Renntag draußen
aber den armen Epileptiker
habe ich nicht mehr
gesehen.

Die Götter verstehen es
einem etwas mitzuteilen
wenn man glaubt, man wüßte
eine Menge

oder schlimmer:

wenn man glaubt
man wüßte grade so
ein bißchen was.

Bravo

Sommer
und Hunde platt-
gefahren auf
Freeways
während junge Körper
ins Meer hechten
vor gemieteten
Motelzimmern in
Del Mar
zu Beginn des
4. Rennens.
Es ist ein Rennen
für Zweijährige
die noch ohne
Sieg sind
sie kommen in
die Zielgerade
ich stemme meinen
müden Bierbauch hoch
und kämpfe gegen das
ewige Muster an
das mich von allen
Seiten beharkt wie ein
Wetterleuchten.

Die Hunde werden krepieren
hier und in der Normandie
das Herz wird hochgehalten
wie eine Fahne und
von einer Kugel
durchlöchert wie ein
Bratapfel.

Wenn wir eine Blaskapelle
auftreiben können:
Tusch! Musik!

Sardinen in gestreiften Kleidern

All right, sie spielen wieder Beethoven.
Als ich auf jener Parkbank in Texas
übernachtete, spielten sie auch
Beethoven; als es letzten Sonntag regnete
und die Mole ins Meer kippte, spielten sie
Beethoven; vor 55 Jahren war ich oft
draußen auf dieser Mole, jetzt ist sie
im Meer versunken wie Atlantis, aber
daß Dinge kaputt gehen und verschwinden
ist ja nichts Neues. Heute kam ein Brief
von Louise, sie sagt, sie verläßt das
French Quarter und zieht zu ihrer Schwester
in eine Kleinstadt 45 Minuten von New Orleans.
Die Leute werden es leid, sie fallen um
und stehen wieder auf, und im Radio
spielen sie Beethoven, während die Penner
mich vor dem Postamt anhalten: »Guten Morgen,
Sir, ham Sie mal 'n Dollar?«

Der alte Fliegerzirkus fällt vom Himmel
Hunde und Katzen sehn mich komisch an
der Klan erscheint und verschwindet, Hitler
schnauft unter der Erde in einem Gestrüpp
von Palmenwurzeln, auf der billigen Zigarre
die ich rauche, steht was von Kuba, von
Havanna, man hat sie bis hierher geschmuggelt
damit sie mir die Luft abwürgt, während im Radio
Beethoven kommt, Beethoven läuft, William Saroyan
ist tot, Céline ist tot, aber Fante
weigert sich zu sterben
in seinem engen Grab, blind, beide Beine ab
weigert er sich zu sterben, drei Jahre
flach auf dem Rücken in diesem Hospital:
was geht ihm wohl durch den Kopf?

Ich wünsche mir, daß ich mal weg bin
so schnell wie eine Olive ohne Stein, die
im Mund eines Idioten verschwindet, während
aus Des Moines unaufhörlich junge Girls
eintreffen, hüftwackelnd, wie Sardinen
in gestreiften Kleidern, was bedeutet es
mir, wenn ich Beethoven höre?

Und jetzt ist es vorüber. »Auf nach Palm Springs
in die Sonne«, legt der Ansager los, ich
drehe ihm den Ton ab, schneide der Zigarre
eine Grimasse, dreh den Ton wieder auf: Mahler
jetzt, die Zehnte, direkt nach Beethovens Fünfter,
wirklich ein massives Abendprogramm, während ich
hier sitze, ziemlich allein, und daran denke
wie sehr mir dieser Titel von Somerset Maugham
gefällt: *Auf des Messers Schneide.* Dann
drücke ich die elende Zigarre aus, schlucke
einigen Wein, stehe auf und sage mir: Es ist
für alle dasselbe, für manche mehr, für
manche weniger, Céline ist tot, Beethoven
vorübergehend verstummt: Es war eine Welt
voll tapferer Kerls, und ich mag sie alle...
während draußen in der Nacht die
Vincent-Thomas-Brücke sich spannt
und in diesem Augenblick das Glück
von uns allen hält.

Was bleibt

Das Zimmer war klein, aber sehr
ordentlich, und als ich ihn besuchte
lag er auf dem Bett wie ein
angeschwemmter Seehund, und es war
mir peinlich, ich meine, Konversation
zu machen, ich kannte ihn eigentlich
nicht gut genug, nur aus seinen Büchern,
und sie hielten ihn ständig unter
Drogen – sie operierten weiter, hackten
ihm noch ein Stück ab und noch eins
aber Fante, als echter Schriftsteller,
sprach von seinem nächsten Roman.

Blind, wieder und wieder verstümmelt,
hatte er auf diesem Bett bereits
einen ganzen Roman diktiert, eine
gute Arbeit, das Buch war schon
erschienen, und jetzt erzählte er mir
von einem weiteren, aber ich wußte
er würde es nicht schaffen
die Krankenschwestern wußten es
alle wußten es
doch er sprach unbeirrt
von seinem nächsten Roman
er hatte sich einen ungewöhnlichen
Plot ausgedacht, und ich sagte ihm
es höre sich hervorragend an
und nach ein oder zwei weiteren
Besuchen rief mich eines Nachmittags
seine Frau an und sagte mir
daß es vorbei war.

Macht nichts, John: Noch keiner
hat dieses letzte Buch geschrieben.

Aber dem Pflegepersonal hast du
das Leben wirklich schwer gemacht,
das gefiel mir, wie du sie auf Trab
gehalten hast in ihren weißen
gestärkten Uniformen, und mir hast du
mehr als nachdrücklich bestätigt
wie recht ich hatte mit meiner Behauptung
daß dein gradliniger Stil, den du
so gut beherrscht hast, eins der
großen Wunder des Jahrhunderts war.

Tod und Verklärung

Es gab immer wieder kleine
Tragödien, wir hörten davon
bei der Arbeit, wo wir auf
hochbeinigen Hockern saßen
11 ½ Stunden pro Nachtschicht
jedes bißchen Nachricht von
draußen wurde von uns begrüßt
wie von Häftlingen in einem
Straflager.

Ab und zu kam ein Kurier
vorbei und sagte: »Steht 3:2
am Ende vom dritten Inning...«

Er sagte nie, wer gegen wen
3:2 führte, denn das
konnten wir uns selbst
zusammenreimen.

Einmal hörte ich, wie sich
zwei Jungs unterhielten:
»Ralph hat früher Schluß gemacht
und als er zu Hause reinkam
war alles dunkel
seine Frau lag mit ihrem Liebhaber
im Bett, sie dachten
es wär ein Einbrecher
der Liebhaber hatte ne Knarre –
er hat Ralph erschossen...«

»Wo ist Louie?«
fragte ich eines Nachts.
Ich hatte Louie
zwei Wochen nicht mehr
gesehen. Louie hatte

zwei Jobs. Keine Ahnung
wann er mal schlief.

»Louie?
Der ist mit ner
brennenden Zigarette
im Bett eingeschlafen.
Die Matratze hat
Feuer gefangen.
Er ist verbrannt...«

Von den Briefsortierern
blieben viele auf der
Strecke. Ich fühlte mich
nicht nur wie ein Häftling
oft kam es mir auch vor
als wären wir Landser in
vorderster Linie, ständig
unter Beschuß.

Wenn es nicht Todesfälle waren
dann Zusammenbrüche –
Leute, die jahrelang
Briefe einsortiert hatten
und jetzt einfach nicht mehr
konnten.
Oder es gab Entlassungen
aus dem nichtigsten Anlaß.

Tod und Verklärung
und Verstümmelung:
Sie stellten fest
daß sie nicht mehr gehen konnten
oder sie bekamen plötzlich
Sprachstörungen
oder kriegten das Zittern
oder mußten dauernd blinzeln.
Sie kamen zur Arbeit, halb
betäubt von Beruhigungsmitteln

oder betrunken
oder beides.

Schrecken und Verlust
waren allgegenwärtig
und die Überlebenden
duckten sich auf ihren Hockern
und fragten sich, wer
der nächste sein würde.

Die Aufseher schikanierten uns
und wurden ihrerseits schikaniert
von ihren Vorgesetzten
und die wiederum vom
Postminister, der dauernd
mehr Leistung für weniger
Geld verlangte und
schikaniert wurde von
der Öffentlichkeit
und am Ende war die Ursache
für das Elend jedes einzelnen
die kleine alte Dame
die in ihrem Garten die
Rosen schnitt: Demokratie
in Reinkultur.

Eines Abends fragte ich:
»Wo ist Hodges?«
(Ich weiß nicht warum
aber ich war immer der
letzte, der etwas erfuhr;
vielleicht weil ich
Weißer war und
fast alle anderen
Schwarze.)
Ich bekam keine Antwort.
Hodges war der meist-
gehaßte Aufseher und

obendrein auch noch
Weißer.

Ich fragte noch einmal
und jemand sagte:
»Der wird hier ne Weile
nicht mehr aufkreuzen...«

Nach und nach bekam ich es
schließlich aus ihnen raus:
Hodges war auf dem Weg zu
seinem Wagen auf dem Parkplatz
abgestochen worden.
Und dann wurde so getan
als wüßte jeder, wer es
gewesen war.

»Vielleicht jemand
den ich kenne?«
Ich lächelte.

Es wurde sehr still.
Big George legte seine
Briefe weg und starrte
mich an. Er starrte eine
ganze Weile, dann drehte
er sich um und schob wieder
Briefe in die Fächer.

Und ich sagte:
»Wer wird wohl das
Spiel heut abend
gewinnen?«

»4:2«, sagte jemand
»am Ende vom Vierten...«

Hodges kam nicht mehr wieder
und bald danach machte
auch ich dort Schluß.

Goodbye

Goodbye Hemingway goodbye Céline (ihr seid am
gleichen Tag gestorben) goodbye Saroyan goodbye
guter alter Henry Miller goodbye Tennessee
Williams goodbye ihr toten Hunde der Freeways
goodbye all die Liebe die nie klappte goodbye
Ezra es ist immer traurig wenn Menschen etwas
geben und uns genommen werden ich nehme es hin
ich finde mich ab ihr könnt mein Auto haben und
mein Feuerzeug meinen silbernen Trinkbecher und
das Dach das mich die meiste Zeit trocken hielt
goodbye Hemingway goodbye Céline goodbye
Saroyan goodbye alter Henry Miller goodbye Camus
goodbye Gorki goodbye Hochseilartist zu Tode
gestürzt vor teilnahmslosen Gesichtern die
hochschauen dann runter dann weg
sei wütend auf die Sonne, sagte Jeffers, goodbye
Jeffers ich kann nur denken, daß der Tod von Guten
wie Schlechten gleich traurig ist goodbye D. H.
Lawrence ein Goodbye dem Fuchs in meinen Träumen
und dem Telefon
es war schwerer als ich dachte
goodbye Two Ton Tony goodbye Fliegerzirkus
ihr habt genug gegeben goodbye Tennessee du
schwuler Alkoholiker und Tablettenschlucker
ich trinke heute abend eine extra Flasche Wein
für dich.

Zwischenfall an der Tiefkühltruhe

Seit Jahren kämpfte er dagegen
an – diese Fixierung auf Frauen
die in Supermärkten sich vornüber
beugten oder nur ihren Einkaufswagen
schoben, der Drang
so eine Arschbacke zu packen,
zu drücken; kaum
etwas Sexuelles
mehr ein abseitiger Scherz
einfach mal was anderes
als das Übliche, mehr
kumpelhaft als aus
triebhaftem Verlangen.
Er wußte nicht, warum er
so veranlagt war
und ihm war durchaus klar
daß das Recht auf eine
unbehelligte Privatsphäre
zu den besseren Errungenschaften
der Zivilisation gehört
doch hier schob er nun wieder
seinen Einkaufswagen und
kam an einer Frau vorbei
die sich über eine Tiefkühl-
truhe beugte
(sie war nicht mal attraktiv –
ihr Hintern hing unter einem
schlottrigen Hauskleid durch)
und er sah, wie seine Hand
sich selbständig machte.
‚Da passiert es wieder',
dachte er.
Die Hand griff an eine Backe
drückte und ließ los…
es hatte sich angefühlt
wie ein alter Strandball,

lapprig, mit zu wenig
Luft drin.
Im Weitergehen schaute er
zurück und grinste
und die Frau ließ einen
Schrei los, als ginge es
ihr ans Leben.
Im nächsten Augenblick
zeterte sie: »*Der Dreckskerl
hat mich überfallen!*«
Starr und vernichtend zeigte
der Finger am Ende ihres
zitternden rechten Arms
auf ihn.
»*Er hat mir an den
Arsch gelangt!*«

Er sah, wie ein korpulenter Mann
in gelbem Pullover und orange-
farbenen Wanderschuhen auf ihn
zurannte. Das Gesicht des Mannes
war hochrot vor Empörung.
Der Mann kurvte um ihn herum
packte von hinten seinen Arm
drückte ihn hoch, renkte ihm
fast die Schulter aus.
»*Was ist denn mit dir los,
Mensch!*« schrie er.
Der Dicke hatte einen
ekelhaften Körpergeruch.
Es war schlimmer als der
Schmerz in seinem Arm.
Dann, aus dem Nichts, tauchte
ein Polizist auf
und er hörte, wie hinter ihm
die Handschellen klickten
er spürte, wie sie ihm gemein
ins Fleisch schnitten
und dann traf ihn ein
Schlag hinters Ohr.

Er wurde durch den Supermarkt
geschleift, hinaus, es ging
schon auf den Abend zu,
und dann wurde er auf den Rücksitz
des Streifenwagens gestoßen.
Durch die Scheiben sahen die
Gesichter der Menge herein
der Polizist vorne gab etwas
über Funk durch, das Blaulicht
rotierte, und da fielen ihm
die letzten Worte von Meg ein:
»Vergiß nicht die Paprika
ich *weiß*, du vergißt
wieder die Paprika...«

Wie kommen die nur an deine Geheimnummer

Die Hunde der Hölle haben Krallen
wie Katzen, Gesichter wie Frauen
und die Türen der Hölle
sind durchnumeriert und
verkehrt herum eingesetzt
wenn man durch will
muß man auf den Händen gehen
und die Beine benutzen wie
riesige Fühler.
In der Hölle geben sie die Antworten
zuerst
und stellen die Fragen
später.
In der Hölle bist du dauernd verliebt
aber es gibt nichts zu lieben
und etwas haßt dich
aus lauter falschen Gründen.
Die Katzen der Hölle bestehen nur
aus Spundloch
und das ist so vertrocknet
daß sie nicht mal damit
blinzeln können.
In der Hölle herrscht dein Vater
und deine Mutter leckt ihm
die Zehen.
Es wird nie Nacht in dieser Hölle
es ist immer Morgen.

Der verfluchte Wecker rasselt
du stehst auf, und es ist
Morgen. Mehr und mehr
lepröses Licht, wie die schlimmsten
deiner Erinnerungen.
In dieser Hölle gibt es keine Flammen

nur diesen Augenblick: Deine Hände
angenagelt, und von den Nägeln
baumeln deine Eingeweide.
Das Telefon schrillt, du nimmst
den Hörer ab und eine Stimme
spricht durch den Apparat
um 8 Uhr 35:
»Sind Sie Chinaski? Der Dichter?
Wir sind große Verehrer von Ihnen
und möchten gern, daß Sie bei uns
lesen, in unserer Buchhandlung...
so viel Bier, wie Sie trinken können
und wer weiß, Sie alter Schwerenöter,
vielleicht treiben wir irgendwo
sogar noch was zum Ficken
für Sie auf! ha, ha, ha...«

Die alte Clique

Natürlich waren wir alle verkorkst
ich dachte dauernd an Selbstmord
drosch aber weiter auf die
Schreibmaschine ein
und auf dem Boden blieb alles liegen:
Hemden, Flaschen, Unterhosen, Handtücher
Socken, Dosen. Ich lief nackt und
barfuß herum und trat in Glasscherben,
manchmal spürte ich es
manchmal auch nicht.
Ab und zu versuchte ich
ein paar Scherben zu entfernen
aber ich wollte sie nicht alle
rausziehen, denn ich hatte irgendwo
gelesen, die Splitter könnten
durch den Blutkreislauf ins Herz gelangen
und einen killen...

K., mit der ich so halb befreundet war
schaute vorbei, sie kam meistens allein
aber manchmal hatte sie eine dürre
Verrückte namens Sunflower dabei
oder sie brachte ihren Bruder N. mit
und manchmal kamen sie auch zu dritt –
jedenfalls, K. und N. und Sunflower
waren auf Drogen: schwarze Pillen, rote,
gelbe, weiße, Koks... ich hatte einen
Koksdealer, der das Zeug so
fein häckselte, daß einem
vom bloßen Anblick einer Linie
schon schwindlig wurde.
Und während ich auf die Schreibmaschine
eindrosch, war ich auf Scotch
Bier und Wein, und K. und N.
und Sunflower hämmerten meistens
um 4 oder 5 Uhr morgens an meine Tür

aber da war ich eh noch auf
sie waren nicht so sehr Freunde
mehr sowas wie Haie aus der Hölle
aber K. hatte eine gute Figur und
sehr lange rote Haare, und sie
besorgte es mir oft genug
um mich an der Leine zu halten.

Mittlerweile hieb ich weiter
auf die Tasten, hatte etwas Glück
und kam zu Geld, so daß ich mich
aus der Gegend absetzen konnte
in eine Kleinstadt an der Küste.
Dort hackte ich weiter auf der
Maschine herum, und einmal
ging ich auch noch zurück zu K.
die zum Austrocknen bei ihrer Mutter war
und während sie da auf der Bettkante saß
sagte ich: »Zwischen uns ist es aus
und ich weiß gar nicht, wie du mich
so drangekriegt hast ... «

Was für eine Clique waren sie
gewesen. Sie fuhren ihre Wagen
ohne Führerschein, Nummernschilder
und Kfz-Brief, sie brausten einfach
drauflos und warteten auf das
nächste High.

Als ich zuletzt von ihnen hörte
waren sie runter von den Drogen
Sunflower war verschwunden
aber K. und ihr Bruder N.
tauchten kürzlich in einer großen
Illustrierten auf
um nüchtern und als verläßliche
Quellen auszusagen über mein
literarisches und
sonstiges Leben.

Nichts Unfreundliches. Nur
stimmte vieles nicht.
Es ist gut, daß sie nicht an einer
Überdosis gestorben sind
aber ich hoffe, daß es
was mich betrifft
ihr letztes Hurra
gewesen ist
und ich werde von jetzt an
nur noch die Hälfte von dem glauben
was andere Leute
über Schriftsteller
sagen.

Nachruf auf ein fabelhaftes Weib

So mancher Hund träumt nachts
im Schlaf bestimmt von Knochen
und ich erinnere mich an deine
als sie noch lebten
am besten in jenem dunkelgrünen
Kleid und den schwarzglänzenden
hochhackigen Schuhen
wenn du betrunken warst
hast du immer geflucht
die Haare hingen dir
strähnig herunter
du wolltest explodieren, raus
aus dem, was dich festhielt:
elende Erinnerungen an
eine elende Vergangenheit.
Am Ende blieb dir, um allem
zu entkommen, nur der Tod
und mich hast du allein gelassen
mit der elenden Gegenwart.
28 Jahre bist du jetzt tot
doch ich habe dich besser
in Erinnerung behalten als alle
die folgten; du warst die einzige
die begriff, wie aussichtslos
das ganze Arrangement des Lebens ist.
Die anderen regten sich nur
über triviale Einzelheiten auf
ärgerten sich sinnlos über
sinnlosen Quatsch.
Jane, du hast
zuviel gewußt. Das
hat dich umgebracht.
Hier, siehst du,
der alte Hund
der auf deine Gebeine
trinkt – er träumt
noch heute von dir.

Schweißtreibende Arbeit an einem Augusttag

Halb verhungert
aber ständig blau
hausten wir in einem
billigen Apartment
immer mit der Miete
im Rückstand
außer Ficken gabs
für uns nicht viel
zu tun

und ich mühte
mich ab
pumpte
pumpte
entschlossen
es zu schaffen

bei allem
anderen
hatte ich
versagt

also dachte
ich: bring
wenigstens
das

Ich stöhnte
pumpte
rackerte

fünf Minuten
zehn Minuten

so nahe dran
so kurz davor

alles irgendwie
so lächerlich

und schließlich
spürte ich deutliche
Anzeichen eines
Orgasmus

endlich
ein Sieg

und
genau in dem Augenblick
als es mir kam

rasselte aus un-
erfindlichen Gründen
der Wecker

Lachend und
sprudelnd
wälzte ich mich
von ihr herunter

»Was'n mit
dir los?«
fragte sie
verärgert

das machte es
nur noch
schlimmer

ich lachte und
lachte und sie
rannte ins Badezimmer

und knallte die
Tür zu

ich trocknete
mich am Laken
ab

und der Wecker
stand in aller
Unschuld da und
zeigte 14.30 Uhr
an.

Macho

Das Telefon klingelt
ich nehme ab
eine Frauenstimme
sagt: »Du bist ein
verklemmter Wichser
das wollte ich dir
nur mal sagen ... «

Sie legt auf.

Angeblich steh ich
nicht im Telefonbuch.

Es läutet
wieder.

»Du hast diesen
Macho-Scheiß
geschrieben
aber wahrscheinlich
bist du schwul
wahrscheinlich
willst du bloß
schwarze Riemen
lutschen!«

Sie legt
auf.

Ich seh mir die Johnny
Carson Show an. Ich
finde ihn komisch
er ist so bieder
in seinem Oberschüler-
Tanzstunden-Anzug.
Er befingert seine

Nase, den Schlips, den
Kragen im Nacken.
Er ist so leicht zu
durchschauen:
Er wünscht sich verzweifelt
so okay zu sein wie
sein Publikum.

Es läutet wieder.

»Du weißt nicht
was eine *richtige*
Frau ist! Wenn du
mal eine treffen würdest
hättest du keine Ahnung
was du mit ihr
anfangen sollst!«

Sie legt
auf.

Carson macht einen
Witz darüber, daß
seine Witze so
schlecht sind
dabei hat er vermutlich
schon mehr Gagschreiber
verbraucht und verheizt
als Bobby Hope.

Dann ist *sie*
wieder dran:
»Warum hörst du mir
eigentlich zu?
Warum legst du nicht auf?«

Ich lege auf
nehme den Hörer
wieder ab und

laß ihn
liegen.

Carson ist mit
seinem Monolog
fertig.
Lächelt.
Leicht verlegen
aber mit sich
zufrieden.
Er macht seinen
kleinen Golfschwinger
und die Werbung
prasselt auf mich
nieder.

Wieder mal so ein
öder Abend in
San Pedro
und meine Diener
Kitcha Kubee
Des Man DeAblo
La Tabala und
Swine Herd Sam
präsentieren ihre
steifen schwarzen
Riemen.

Ich beschließe
mir eine neue Geheim-
nummer geben zu lassen
aber erst mal knipse ich
per Fernbedienung die
Glotze aus
schicke die Jungs mit einer
Handbewegung weg
und nehme mir meinen
Sam Beckett vor
während mein weißer

schielender Kater
mit einem Satz
zu mir aufs
Bett springt.

Anmerkung zu den Liebesbriefen von Beethoven

Stell dir vor, Ludwig würde
heute leben und in seinem roten
Sportwagen mit runtergeklapptem
Verdeck rumkurven und all die
irren hartgesottenen Flittchen
von den Boulevards auflesen –
wir bekämen Musik, wie wir sie
noch nie gehört haben
und er würde trotzdem nie
seine Unsterbliche Geliebte
finden.

Gar kein Problem

Er sitzt da
in seinem Sessel
massig und zufrieden
und erzählt mir
daß er eine Frau und
zwei Kinder verlassen
seinen Namen geändert
und einen neuen Anfang
gemacht hat.

Seine neue Frau
bringt uns die nächsten
zwei Flaschen Bier.

Sie ist schwanger.
Sie haben schon
einen Namen für
das Kind:

Nero.

Etwas für Pa und Ma

Mein Vater las am liebsten
Edgar Allen Poe
und meine Mutter die
Saturday Evening Post
sie starb zuerst
der Priester schwenkte ein
Weihrauchfaß über ihrem Sarg
und mein Vater folgte ihr
ungefähr ein Jahr später
sein Sarg war mit violettem
Samt ausgeschlagen und sein
Gesicht sah aus wie eine
Maske aus vergilbtem Eis.

Mein Vater hatte nie etwas
übrig für die Sachen, die ich
schrieb: »So was will
doch niemand lesen.«

»Ja, Henry«, sagte meine
Mutter, »die Leute wollen
etwas lesen, was ihnen
Freude macht.«

Sie waren meine ersten
Kritiker und sie
hatten beide
recht.

Warum nicht so

Irgendwo, an einem
schattigen Nachmittag
will ich einen Bürgersteig
langgehen
ein Straßencafé finden
mich an einen freien
Tisch setzen
mir was zu trinken bestellen
und dasitzen mit meinem Drink
eine Fliege soll
auf dem Tisch landen
und im Hintergrund soll
jemand lachen.
Dann
will ich eine Frau
in einem grünen Kleid
vorbeigehen sehen
und einen fetten Hund
mit kurzem braunen Fell
und einem Grinsen
in den Augen.
Dort will ich
dann sterben
im Sitzen
mit offenen
Augen.
Ein Flugzeug soll
drüber fliegen
eine Frau in
einem blauen Kleid
soll vorbeikommen
und dann nochmal
der fette Hund mit
dem kurzen braunen Fell
und dem Grinsen
in den Augen.

Das wäre
gut genug
nach all dem
anderen
nach allem
was war.

Der Gentleman und der Bastard

In ihrer guten Zeit
in den fünfziger Jahren
hatten die L. A. Rams
noch so etwas wie Farbe –
jedes Spiel schien sich
erst in letzter Sekunde
zu entscheiden
und regelmäßig vor
100 000 Zuschauern.

Es sah so aus
als würde jedesmal
das Team gewinnen
das zuletzt den
Ball hatte.

Die Rams hatten zwei
hervorragende Außen-
läufer: Tom Fears und
Crazy Legs Hirsch
und zwei riesige
beinharte Stürmer:
Tank Younger und
Deacon Dan Towler

und zwei
Quarterbacks:
Bob Waterfield und
Norm Van Brocklin.

Waterfield
kam von der Uni
war erste Wahl
bekam die gute
Presse.
Er war talentiert

und ein Gentleman
während
Dutch Van Brocklin
der zweite Mann
ein grimmiger Hundsknochen
aus der Provinz war
der für keinen ein
gutes Wort hatte.

Aber wenn das Team
wegen Waterfield
im Rückstand war
kam Dutch heraus
in der Mitte des
dritten Viertels
oder öfter noch
zu Beginn des
vierten

ausgeruht und
finster entschlossen

die Niederlage vor
Augen ging er aufs
Ganze
warf Pässe wie
um sein Leben
diese turmhohen Pässe
die ein ums andere Mal
präzis in den Händen
seiner Außenläufer
landeten
während die letzten
Sekunden tickten

und dann
wenn das gegnerische Team
zurücklief und auf den
Paß nach innen wartete

brachen Younger oder
Towler in der Mitte durch
und mähten die
Angreifer um
als wären sie
Reisstroh.

Dutch riß so manches
Spiel herum
und wenn er den Sieg
nicht schaffte
dann kam er ihm
doch so nah
daß man heulen konnte
vor Wut über diesen
letzten perfekten Paß
der dem Fänger
kurz vor dem Abpfiff
entglitt.

Waterfield oder
Van Brocklin.
Sie nannten es
Die Große Quarterback-
Debatte.

Die Presse war für
Waterfield
doch die Fakten und
das Drama sprachen für
Dutch

ständig war er in
Zeitnot
er fluchte auf seine
Seitenleute, weil sie
Gegner nicht abgeblockt hatten
er fluchte auf die Außenläufer
weil sie nicht schnell genug

in die gegnerische Hälfte
rannten

er war der Kerl von auswärts
der versuchte, den Schlamassel
zu bereinigen
er wollte es hinkriegen
irgendwie
auf Teufel komm raus
und meistens
schaffte er es auch.

Anfang dieses Jahres
lange vor seiner Zeit
ist Waterfield
gestorben

und Dutch
der immer zweiter Mann
geblieben war
starb 90 Tage
später.

Waterfield war ein
sehr guter Spieler
aber für mich
hat es nie eine
Große Quarterback-
Debatte gegeben

ich war mit
ganzem Herzen
für Dutch

und bin seitdem
nie mehr zu einem
Spiel der Rams
gegangen.

Ein schlechter Tag

Ich setzte mich auf der Tribüne
in die erste Reihe und fing an
meine Zahlen auszuknobeln.
Ein Mann in rotem Hemd und roter Hose
hockte sich zwei Plätze neben mir hin
und fing an, einen Sandwich und
Kartoffelchips zu mampfen.
Ich stand auf und brachte mehrere
Sitze zwischen uns.
Dann hörte ich hinter mir einen sagen:
»Mal sehn, wie viele sind wir...
sieben, nicht?«
Waren es auch. Frauen, Männer und
Kinder.

Ich ging die Treppe runter.
Unten ging ich ins Klo, fand eine
freie Kabine, verriegelte die Tür
setzte mich hin und
knobelte weiter an meinen
Zahlen.

Aus der Kabine links von mir
klopfte einer an die Wand:
»He, du! ... he! Kumpel!«

»Yeah?« sagte ich.

»Knie dich hin und steck deinen
Schwanz unter der Trennwand durch
dann mach ich dir den besten
Blowjob deines Lebens!«

Ich machte, daß ich rauskam,
ging wieder nach oben, fand einen
freien Platz, setzte mich hin –

und spürte etwas unter meinem
rechten Fuß. Es war ein toter
Zaunkönig. Wieder eine
Erinnerung an den Tod.

Dann die Stimme des Ansagers:
»Ladies and Gentlemen, die Fahne
der Vereinigten Staaten von Amerika!«

Wir standen alle auf.
Die Fahne ging hoch.
Wir setzten uns wieder.

Manchmal ist es auf dem
Rennplatz noch schlimmer
als im Knast.

Die Enkel der Dust Bowl

Die Automobilindustrie stellt die
Fertigung in Kalifornien ein
aber eines der führenden Unternehmen
bietet der arbeitslosen Belegschaft
eine Weiterbeschäftigung in
Oklahoma an. Den Umzug
zahlt die Firma.

Viele Familien machen jetzt
den Treck nach Osten
in langen Konvois
die Autos voll von Kindern
und Hausrat.

In den dreißiger Jahren
sind ihre Großeltern
aus Oklahoma hierher
gekommen

jetzt ziehen die Enkel der
Dust Bowl mit ihrem
kalifornischen Akzent
denselben Weg wieder
zurück.

Die Autos aus Japan
sind kleiner, billiger,
besser.

Es ist wie eine kleine
Revanche für Hiroshima

oder ein japanischer
Horrorfilm mit lauter
amerikanischen Darstellern.

Mein Schatten

Ich hatte eine Vorliebe für Kneipen-
schlägereien. Ich prügelte mich mit den
stärksten und gemeinsten Kerlen
die ich finden konnte. Die Gäste
hielten es für Mut.

Doch es war etwas anderes. Etwas
das neben mir ging und schlief
und saß. Es aß mit, wenn ich aß
es trank mit, wenn ich trank.
Ich sah es überall: in Brotlaiben,
auf dem Rücken einer Maus, die senkrecht
an einer Mauer hochlief, ich sah es
durch Risse in Jalousien und
in den Körpern schöner Frauen;
ich sah es nie in der Sonne
aber ich sah es im Regen,
an Insekten fiel es mir auf und
ich sah es, wenn ich mit Bus oder
Straßenbahn fuhr;
ich sah es in der Schublade, die ich
aus der Kommode zog
ich sah es in den Gesichtern der
Bosse mit ihren dumpfen Lippen
und schmalen Augenschlitzen: blau,
braun, grün;
ich hörte es im Ticken der Wecker
sah es wie eine Puderschicht auf den
Gesichtern meiner Wirtinnen;
ich sah es auf der Treppe
die von der Kneipe ins Obergeschoß
einer Absteige führte
in Houston, New Orleans, St. Louis
Los Angeles, Frisco;
ich sah es an den Türklinken und

in den Zimmern, wo es auf dem
Bett saß und still wartete...

Und in irgendeiner Bar
nach stundenlanger Zecherei
sagt jemand: »Hey, Hank
hast du dich schon mal an
Big Eddie versucht?«
Big Eddie bleckt die Zähne
ich sehe es in seinem Grinsen
ich trinke mein Bier aus
nicke ihm zu, stehe auf
gehe durch die Hintertür
gefolgt von Big Eddie und
der ganzen Meute, und draußen
sehe ich es im Mondschein
und in den Backsteinmauern
die Gäste schließen ihre
Wetten ab, ich bin der
Underdog, und als Big Eddie
auf mich losgeht, seh ich es
an seinen Füßen und an den
Knöpfen seines Hemds und
aus weiter Ferne höre ich
einen Trompetenstoß
und es ist so gut und richtig
wie es nur sein kann.

Ein Patriot des Lebens

Der Alte
von nebenan
ist 83

Old Charlie

auf dem Dach
seiner Garage
weht die
amerikanische
Fahne

seine Frau
schreit ihn an
und nörgelt
an ihm rum

deshalb
hat er seine
eigene Bude

eine Hütte
die er an
die Garage
angebaut hat

CAPTAIN'S
QUARTERS
hat er groß
auf die Tür
gemalt...

Ich habe ein
Problem
also geh ich rüber
zu Old Charlie

und finde ihn
in seinen
CAPTAIN'S
QUARTERS

er ist fast
vollkommen
taub

ich muß
schreien
damit er
mich hört:

»*Hey, hast du
mal ne Schuster-
ahle für mich?*«

»Versuch's
mit meiner
Frau«, sagt er.

Ich brülle
nochmal:

»*Ich brauch
ne Schuster-
ahle!*«

»Ach so.« Er
lächelt. »Ich
dachte, du hast
›Hupfdohle‹
gesagt.«

Nein danke
sag ich
das
ist es

nicht
was ich
wollte.

Ich überlasse
ihn wieder
seinen Flügel-
schrauben und
10-Penny-Nägeln
die er ständig
sortiert.

Allerhand
der alte
Charlie.

Keine Hilfe
bei Problemen

aber

einsam
wie der Berg
der aus dem
Meer ragt

drückt er
die schwarzen
Wolken
ein wenig
beiseite.

Die Girls

Drei Tage in der Woche
gingen damit drauf, sie
zu verschiedenen Apotheken
am Hollywood Boulevard zu
fahren.

Keine Ahnung, wie sie zu
ihren Rezepten kamen.
Ob sie's mit ihren Ärzten
trieben oder ob sie jemand
ermordeten – ich weiß es nicht.
Aber sie kriegten sie. Es war
ein einziger Zirkus.

Von der einen kam z. B. ein
Anruf:« »Eddie will mir mein
Rezept wegnehmen! Sag ihm
er soll mich in Ruhe lassen!«

Ich ließ mir Eddie geben
und sagte ihm, ich würde ihn
in den Arsch treten. Ich
sei schon unterwegs.

Eddie war ihr Bruder.
Er wohnte dort.

Als ich hinkam
war er fort.

»Er hat das Rezept nicht
gefunden«, sagte sie. »Ich
hatte es im Mund. Beinah
hätt ich es verschluckt ... «

Sie zeigte mir das zerknüllte
nasse Stück Papier, popelte es
auseinander und sagte:
»Auf gehts...«

Ich weiß nicht, was es mir
bedeutete.
Was ich davon hatte
war meistens dies:
Wenn wir wieder bei mir
zu Hause waren und ich
zu meinen Drinks ein paar
von den Tabletten einwarf
machte ich jedesmal etwas
Idiotisches – ich zerschlug
den Spiegel im Badezimmer
oder ich traktierte den
Couchtisch mit meinem
Fahrtenmesser. Sex war
nicht viel im Spiel, obwohl
die Girls ganz passabel
aussahen.

Es lief darauf hinaus
daß ich die eine oder
die andere um 10.35 Uhr
vor einer Billig-Apotheke
am Hollywood Boulevard aus
dem Auto steigen ließ
dann nach einem Parkplatz
suchte, und später sah ich sie
schwankend auf ihren hohen Absätzen
im Gewühl der Passanten
scheinbar ziellos und weggetreten
doch wenn irgendein Blödmann
sie anmachen wollte, fertigte sie ihn
sehr derb und lautstark ab.

Dann sah sie mich
kam zu mir her
und es folgten wieder
ein Tag und eine Nacht
mit Tabletten und Alkohol –
Aufputschmittel, Tranquilizer
Wodka, Wein, Bier, Brandy, ganz
egal – bis wir restlos zu
und gelähmt waren...

bis zum nächsten
Mal.

Das fehlte noch

Ich würde nicht sagen, daß es eine besonders
miese Zeit war, es war eben so eine Phase
und ich versuchte, mich innerlich auf
das meiste einzustellen. Was hieß:
nicht viel zu erwarten und
nicht viel zu bekommen.

Aber krank werden – das ist was anderes.

Ich wohnte in einer billigen Bude
in Hollywood, hatte im Moment nichts
mit Frauen und besorgte mir dauernd
Kokain, fürchterlich verschnittenes Zeug,
das zog ich mir rein, zusätzlich zu
Bier und Scotch.
Ich kriegte Depressionen
kam körperlich auf den Hund
konnte nichts mehr essen.
Es kam soweit, daß ich nur noch Koks
Bier und Scotch konsumierte.

Eines Morgens erwischte es mich...
ich zitterte, hatte Halluzinationen
konnte nicht mal einen Schluck Wasser trinken...
mir war sterbens-
elend.

Die einzigen Freunde, die ich hatte
waren eine Nackttänzerin und ein Typ
der einen Porno-Buchladen hatte.
Sie kamen vorbei.

»Es ist soweit«, sagte ich, »mit mir
gehts zu Ende...«

»Wir kriegen dich wieder hin«, sagte der Pornohändler. Er verkaufte mir auch das gepanschte Kokain. Die Nackttänzerin lebte mit ihm zusammen.

Als er wiederkam, hatte er eine Flasche mit so einem rötlichen Zeug drin. »Nimm das ein«, sagte er.

Das war um die Mittagszeit.

Gegen sechs Uhr abends klingelte das Telefon. Ich nahm ab.

»Ja?«

»Hank?« Es war der Porno-Typ.

»Ja...«

»Paß auf, Babs und ich arbeiten heut abend nicht. Wir gehn in ein Motel mit Sex-Videos und Spiegeldecken. Einfach relaxen und ficken...«

»Viel Glück...«

»Ich weiß, du bist krank, deshalb geben wir dir die Nummer vom Motel dann kannst du uns anrufen, falls was ist...«

»Sicher...«

»Hast du was zum Schreiben?«

»Ja...«

»Also...«

Er sagte mir die Nummer.
Ich hatte nichts zum Schreiben.
Konnte mich nicht bewegen.

»Danke«, sagte ich.

Es wurde eine denkwürdige Nacht.
Wenn man sich dem Tod nicht in den Weg stellt
macht er sich nur breit
also stand ich immer auf und
lief herum, stellte das Radio an und aus
betätigte ab und zu die Klosettspülung
drehte sämtliche Wasserhähne auf und wieder zu
knipste die Lichter an und aus
legte mich wieder ins Bett und ruhte mich aus
aber nicht zu lange...
stand wieder auf, trank einen
Schluck Leitungswasser, setzte mich
auf einen Stuhl, holte eine Handvoll
Münzen aus der Tasche und zählte sie:
25, 26, 27 Cents...
so machte ich weiter, Wasserhähne auf
und zu, Lichter an und aus, Münzen
zählen, und einmal fand ich es sogar
sinnvoll, einen Schuh parallel
neben den anderen zu stellen...
während ich meinen Tätigkeiten nachging
fiel mir auf, daß der große Zeiger der Uhr
sich kaum bewegte, es schien immer
3.21 Uhr zu sein, dann
ganz plötzlich, innerhalb einer Minute
sah ich Licht unter den Jalousien
hereinsickern, es wurde Tag
und als ich das sah
fühlte ich mich etwas besser
und legte mich schlafen
platt auf dem Bauch
wie gewöhnlich...

Am nächsten Abend saß ich auf meiner
Couch, trank gerade ein Bier und aß
einen Sandwich, bestehend aus einem
Spiegelei und zwei sehr trockenen Scheiben
Brot, da kamen meine Freunde –
die Nackttänzerin und der Porno-Typ.

»Wie fühlst du dich?« fragte er.

»Es geht. Nur bin ich pleite
und das hier ist mein letztes Bier...«

»Shit, Mann, komm doch zu uns
wir haben alles in rauhen Mengen.«

Es stimmte.
Ein gemütlicher Ort.
Ich blieb bei Bier, abgesehen
von zwei Wodka-Seven und einer
kleinen gelben Pille
sie hatten die Stereo-Anlage an
aber nicht zu laut
und ich blieb sitzen
rauchte zwei Bomber-Joints
und trank 18 oder 19 Flaschen
Bier, bedankte mich und ging
nach Hause.

Am nächsten Morgen kam es
mir nicht hoch, ich stand auf
und nach einem ordentlichen Schiß
nahm ich ein lauwarmes Bad
zog mich an und ging runter zur
Ecke von Hollywood und Western.
Dort warf ich 10 Cents in den Kasten
und nahm mir den *Herald-Examiner*
heraus und dachte daran, daß es
vor einigen Jahrzehnten noch zwei
Tageszeitungen in L. A.

gegeben hatte, den *Herald-Express*
und den *Examiner*, und daß sie es
vorgezogen hatten, zu fusionieren
statt sich gegenseitig den
Garaus zu machen, und während ich
mit der Zeitung nach Hause ging
sagte ich mir, daß ich doch schon
ein recht langes, wenn auch nicht
besonders erhebendes Leben hinter mir
hatte, und dann saß ich mit der
Zeitung auf der Couch und
las, nun wieder ganz fasziniert
von dem, was die
anderen taten.

Der Drang

Was war ich doch für ein besessener Wicht
als ich mit R. und C. und M. und L.
zusammen war, wir fickten andauernd
es gab Streit und Verdruß und mein Penis
tat weh vom ständigen Ejakulieren
ich saugte an Brüsten
ich duckte mich zwischen Schenkel
ich war mal oben, mal unten
ich konnte mich an die letzten
sieben Mal nicht mehr erinnern.

Ich konnte nicht mehr in einem
Sessel sitzen und ein Bier trinken
ohne Zuckungen zu bekommen
ich setzte mich auf meine Lesebrille
meine Adern bildeten dicke Knoten
an meinen Schläfen
ich bekam Zahnschmerzen
Rückenschmerzen
Kopfschmerzen
ich hatte dauernd einen Platten
ich bekam Verstopfung
ich kämmte mir nicht mehr die Haare
aber ich vögelte drauflos –
manchmal war ich bei ihr
nach unten abgetaucht, und sie
bei mir, und sie sagte:
»Also wenn ichs jetzt mache
dann mußt du …

Dauernd stand ich mit nassen
Waschlappen in Badezimmern rum.
Den Schmutzring in meiner Kloschüssel
konnte ich nicht wegschrubben
aber ficken und mich herumbalgen
mit R. und C. und M. und L.

Sie drohten ständig, mich zu verlassen
und ich wurde einfach nicht schlau
aus ihnen.

Ich taugte nicht für einen Kampf mit Frauen
ich war zu ernst, und sie waren
zu gut darin, sie waren
raffinierter als ich
und ich fühlte mich immer
elender. Je mehr ich mit ihnen
fickte und focht, desto
schlimmer wurde es.

Ich wurde total unfähig
konnte nicht mehr den Türsummer betätigen
den Telefonhörer abnehmen
mein Bett blieb ungemacht
ich konnte mich nicht rasieren
oder mir die Zähne putzen
ich bekam MAHNUNGEN von
der Telefongesellschaft
von den Stadtwerken
vom Finanzamt.
An den Antrag auf eine neue
Vignette für mein Nummernschild
dachte ich zwar, aber als sie kam
verlor ich sie prompt...

Beim Ficken jedoch ließ ich
nicht nach. Ich entlockte
R. und C. und M. und L.
einige Seufzer, die echt klangen
ohne aber je zu fragen
ob es ihnen gekommen war.
Mir kam es, weiß Gott,
in einer Tour.
Die Haut meines Penis
war wundgescheuert und
brannte. Nein, sagte der

Arzt, keine Geschlechtskrankheit,
aber: »Mein Gott, gönnen Sie
dem Ding mal ein Jahr Pause.
Suchen Sie sich ein anderes
Hobby.«

Doch ich machte weiter.

Ich lachte, ohne daß mir
danach war, ich bekam Magenkrämpfe
und alterte in sechs Monaten
um fünf Jahre
aber meine Eifersucht verzehrte mich
meine Phantasien rotierten
gegen den Uhrzeigersinn
in meinem Hirn
ich fuhr wie eine gesengte Sau
verlor Jobs, fand neue, verlor auch die.
Ich trank und qualmte unablässig
litt an Schlaflosigkeit
und von den Handrücken
ging mir die Haut ab
ich hatte keinen Appetit
aber ich vögelte weiter und
wußte nicht, wie ich da
rauskommen sollte.
Eingeklemmt
zwischen Beinen, die sich
zur Decke reckten,
ein Mann
der es tat,
wieder und wieder und wieder –
Bettlaken, Bettgestelle, Vorhänge
Jalousien, Kopfkissen, Titten
Brüste, Hintern – manchmal ein
Hauch von Liebe, und immer
der Geruch von Sex
mit R. und C. und M. und L.

Doch in Augenblicken der
größten Leidenschaft
wünschte ich mir oft
wieder der einsame Kerl zu sein
der mit einer Tüte Popcorn
im Kino saß, umgeben
von verliebten
Pärchen.

Nackt bei 33 Grad

Ein HEISSER Abend
an dem meine einzige
Beschäftigung ist
nach kleinen INSEKTEN
zu schlagen und an
die atomaren ARSENALE
zu denken

neue unheilbare KRANKHEITEN
die sogar SEX inzwischen
LEBENSGEFÄHRLICH machen

auch DU muß jetzt
darauf gefaßt sein
für deine LIEBE
zu STERBEN

mehr und mehr
sieht es danach aus
als würden wir nur noch
herumsitzen und WARTEN
auf NICHTS

heute muß man
darauf gefaßt sein
für NICHTS
zu
STERBEN

die Gefängnisse und
Irrenanstalten
sind
VOLL
aber es herrscht
keine
PANIK

nicht einmal
hier

ich klatsche ein
surrendes Insekt tot
während der Turm
von Pisa
sich MEHR und
MEHR neigt

an diesem HEISSEN
Abend
in diesem HEISSEN
Zimmer
wo ich an
ZIGARETTEN
ziehe und
zu FAUL bin
zum PISSEN
ist es zu spät
für SORGEN
wir haben
nicht einmal
genug PHANTASIE
um zu
SCHREIEN.

Fast

In dem
besten Traum
den ich je
hatte
konnte ich
fliegen

Ich flog über
Felder und
kahle braune
Hügel
und
unter mir
liefen Männer
Frauen und
Kinder

Auf einmal
ließ meine
Flugtüchtigkeit
nach
der Mechanismus
versagte
ich begann zu
sinken und
trudelte langsam
auf sie herunter

Sie reckten die
Hände und wollten
mich festhalten
aber durch schiere
verbiesterte
Willenskraft
gelang es mir
wieder zu steigen

und ihrer Reichweite
zu entkommen

Jetzt
wurde es
leichter und
leichter
ich flog hoch
und höher
durch die
Wolken und
hinaus ins
Licht der
Sonne

Als ich aufwachte
lag ich auf
dem Boden
der Ausnüchterungs-
zelle im alten
Lincoln Heights Gefängnis
in der North Avenue
Nr. 21
und hatte nicht nur
keine Flügel
sondern auch
nichts mehr in
den Taschen
nur noch die
Quittung dafür
und in der Ecke
kotzte jemand
in die
Toilette.

Vielleicht
würde ich
ein andermal
ein Engel
sein.

Rätsel

Mein Nachbar ist ein netter Mensch, aber er
gibt mir nichts als Rätsel auf:
er steht in aller Herrgottsfrühe auf
und geht zur Arbeit
seine Frau arbeitet auch
sie haben zwei reizende Kinder;
am Abend kommt er nach Hause
manchmal sehe ich die Kinder und
kurz auch mal die Frau;
spätestens um neun sind im ganzen Haus
die Lichter aus.
So geht das, Tag für Tag.
Er ist Anfang dreißig und
scheint ein ganz intelligenter
Mensch zu sein.
Ich sehe nur eine Erklärung:
seine Arbeit
macht ihm Spaß
und er glaubt
an Gott
Sex
und Familie.

Ich weiß nicht warum
aber ich erwarte dauernd
daß da drüben plötzlich Fensterscheiben klirren
und daß ich Schreie höre, unflätige Ausdrücke;
daß um drei Uhr früh das Licht angeht
und Flaschen durch die Gegend fliegen;
doch seit fünf Jahren
ist sein Tagesablauf
immer der gleiche.

Deshalb sorge ich
an seiner Stelle für
diese anderen Dinge

für die seine Frau anscheinend
nichts übrig hat:
»Hank, ich hätte schon so oft
die Polizei rufen können
aber ich hab es nicht
getan.«

Manchmal möchte ich
denen die Polizei auf den
Hals hetzen.
Aber ich glaube nicht
daß die Jungs meine Beschwerde
verstehen würden.

Sie würden dastehen
in Dunkelblau, mit weißen Gesichtern
während das Blaulicht rotiert:

»Sir, was diese
Leute tun
ist nicht
verboten...«

Big John aus Echo Park

Seine Frau ging arbeiten und
bezahlte ihm seine Tabletten
und er saß im großen Lehnstuhl
mit seinen einsfünfundachtzig
und 110 Kilo – und mit knapp
zwei Tonnen Schrott, die aufs
ganze Haus verteilt waren.
Er sammelte den Kram
und es wurde immer mehr:
fast jeden Abend, wenn er
high war, durchsuchte er die
Hinterhöfe und Mülltonnen
der Nachbarschaft.

Ich saß oft bei ihm
und wir warfen Pillen ein
mitten am Nachmittag
während alle anderen
schufteten.

Er hatte wirklich
brillante Einfälle.
Einmal half ich ihm
das schmutzige Geschirr
von zwei Wochen raustragen
wir verteilten es im Hof
und er spülte es
mit dem Gartenschlauch ab.

Wir schluckten
die Pillen und
redeten stunden-
und tagelang
und er nahm alles auf
Band auf, größtenteils
wertloses Gelaber, das

meiste von
mir.

Neulich sah ich
ihn wieder, und er
war so gut beieinander
wie eh und je.
Dreißig Jahre nichts mehr
gearbeitet, nicht einmal
an der Schreibmaschine:
dieselben 22 Seiten
– starke Texte, vielleicht
sogar große Literatur –
immer wieder in Zeitschriften
abgedruckt und bei seinen
Lesungen auswendig vorgetragen.

Er weiß, daß Ehrgeiz
purer Unfug ist
und er kann darauf
verweisen, daß es
im Laufe der Jahrzehnte
alle zerstört hat
die wir einmal
kannten.

Ich erkundigte mich
nach seiner Frau.
»Immer noch mit
Sally zusammen?«

»Shit«, sagte er,
»glaubst du, so einen
Fang laß ich je
wieder sausen?«

Er hat es schon immer
verstanden, jede Unterhaltung
elegant zu meistern.

Viele von uns
in dieser mistigen
Branche
können froh sein
daß er einfach
keine Lust hat
groß was zu
schreiben.

Love

Ich beantworte einen Brief von
jemand aus Alaska, im Radio
bringen sie seit einer Weile
eine New Wave Gruppe, und beim
Zuhören habe ich festgestellt:
das häufigste Wort in ihren
Songs ist
»Love«.

Der Mensch in Alaska ist jung
aber todkrank, er denkt an
Selbstmord und möchte wissen
wie ich dazu stehe, er will
eine Antwort, er muß eine haben
und es ist schwer, diesen
Brief zu schreiben
während der Boy im Radio
gerade singt: »Wenn du mich
jetzt im Stich läßt, Baby,
ist es aus mit mir ...«

Ich suche einen anderen Sender
erwische klassische Musik
da klingelt das Telefon.
Es klingelt und klingelt
an einem heißen Abend
im Juli.

Nichts geht, wie es soll
es geht immer, wie es muß
und ich greife zum Telefon
während Atomraketen auf
Schienensträngen unter der Erde
ständig hin und her
gefahren werden, damit

der Feind sie nicht orten
kann...

Ich nehme den Hörer ab
sage »hallo« und
warte.

Schon komisch

Manchmal mögen sie dich aus dem
falschen Grund oder hassen dich
aus dem falschen Grund, oder sie
streichen etwas heraus, was gar nicht
dein Verdienst ist.
Ich lebte mal mit einer Frau zusammen
die sagte, so ein Witzbold wie ich
sei ihr noch nie begegnet.
Sie lachte oft, wenn ich
was Ernstes sagte.
»Oh«, kicherte sie, »du solltest
ins Show Business!«
Aber wenn ich witzig sein *wollte*
sagte sie jedesmal:
»Was willst du denn damit
sagen? Das ist nicht
witzig.«

Irgendwann kam ich darauf:
Die Wahrheit ist das Witzigste
was es gibt
weil sie so selten ausgesprochen wird
und wenn man sie hört
ist man so verblüfft, daß man
lachen muß.
Wenn man dagegen witzig sein will
treibt man die Wahrheit oft auf die Spitze
und das ist dann gar nicht mehr
zum Lachen ...

Na gut, die Frau und ich,
wir trennten uns schließlich
und die nächste sagte nie
ob sie mich witzig fand
oder nicht; sie knipste

einfach den Fernseher an
und lachte mit der Lachspur
mit, während ich erniedrigt
und deprimiert dabeisaß.

Ein Fetzen Grün

In den Südstaaten, in öden Städten
stand ich betrunken vor gesprungenen
Badezimmerspiegeln und hielt mir grinsend
ein Küchenmesser an die Halsschlagader.
Dort begriff ich zum ersten Mal
daß Theatralik ein prima Ersatz
für Handeln ist:
der Unterschied zwischen Handeln und
So-tun-als-ob
schrumpft auf die hauchdünne
Linie einer Wahl
zwischen nichts und
wieder nichts.

Dann am nächsten Morgen aufwachen
und einen Arbeitsplatz vorfinden
wo die Kollegen alles akzeptieren
außer dem Traum vom
Entkommen.
Es gab so viele
dieser Orte.
In einer Stadt in Louisiana
hatte ich einen Job, den ich
jeden Abend müde und abgestumpft
verließ, um mir in der Nacht wieder
ein Glas nach dem anderen
reinzuschütten und aus dem
Fenster zu starren in Gedanken
an eine junge Kollegin am
Fließband, die ein schlecht-
sitzendes grünes Kleid trug und
ständig auf so gut wie alles
fluchte.
Ich wollte nur einmal mit ihr
ins Bett und dann aus der
Stadt verschwinden.

Es reichte nur zum Verschwinden
aus der Stadt, d. h. ich tauschte
eine Öde gegen eine andere ein,
und wenn sie noch am Leben ist
stelle ich mir vor, daß sie
immer noch auf etwas flucht
doch ich halte mir heute nicht mehr
das Küchenmesser an die Halsschlagader –
das Ende kommt
allmählich
ganz von
selbst.

Eins für den alten Kumpel

Er war nur ein
Kater –
schielend
schmutzig-weißes Fell
blaßblaue Augen.

Ich will euch mit seiner Geschichte
nicht langweilen.
Nur soviel:
er hatte eine Menge Pech
und er war ein guter
alter Kerl
und starb
wie Menschen sterben
wie Elefanten sterben
wie Ratten und Blumen
sterben
wie Wasser verdunstet
und Wind aufhört
zu wehen.

Seine Lunge versagte
letzten Montag.
Jetzt liegt er unter
den Heckenrosen und
ich habe in mir einen
schmetternden Triumphmarsch
für ihn vernommen
und ich weiß:
nicht viele
aber manche von euch
wüßten gern
mehr darüber.

Das ist
alles.

Seniorenteller im Sizzler

Täglich von 14 bis 17 Uhr und
ganztägig jeden Sonntag und Mittwoch
gibts 20 % Ermäßigung für uns alte Hunde
am Abend des Lebens.
Seltsam, alt zu sein und sich
nicht alt zu fühlen
doch wenn ich in den Spiegel schaue
und die silbernen Fäden im Haar sehe
muß ich zugeben, daß ich bei einem
Rock-Konzert fehl am Platz wäre.

Ich esse allein.
Die anderen Oldies leisten sich Gesellschaft:
ein Mann und eine Frau
eine Frau und eine Frau
drei alte Frauen
nochmal ein Mann und
eine Frau.
Es ist Dienstag, 16.30 Uhr
und nur fünf oder sechs Ecken weiter
ist der Friedhof
an einem grünen, leicht ansteigenden Hang
mit flachen Steinplatten
auf den Gräbern – das
macht sich schöner
von der Straße aus.

Eine junge Kellnerin
geht zwischen uns durch
und füllt uns wunderbar
giftiges Koffein in die
Tassen nach.
Wir danken ihr und
kauen weiter, manche noch
mit ihren eigenen
Zähnen.

Wir hätten in einem
Atomkrieg nicht viel
zu verlieren.

Ein guter alter Boy
redet und redet
und weiß nicht recht
wovon.

Na schön, ich beende
meine Mahlzeit und lasse
ein Trinkgeld liegen.
Ich habe den Tisch
neben dem Ausgang.
Als ich aufstehen will
wird mir der Weg versperrt
von einem alten Girl in einem
vierbeinigen Rohrgestell
und einem weiteren alten Girl
mit bogenförmig gekrümmtem
Rücken.

Die Haut ihrer Gesichter, Arme
und Hände sieht aus wie Pergament.
Es ist, als wären sie schon
eine ganze Weile einbalsamiert.
Still gehen sie hinaus.

Bei meinem zweiten Versuch
werde ich erneut blockiert
diesmal von einem gewaltigen
Rollstuhl mit weit nach hinten
geklappter Rückenlehne – fast
wie ein Bett – ein sehr
teurer Apparat, ein beklemmend
eindrucksvolles Behältnis,
chromglitzernd, mit dicker
Luftbereifung. Die Lady
im Rollstuhl und die Lady

die sie schiebt
sehen sich ähnlich
zweifellos sind es Schwestern
und die eine hat das große Los
gezogen und darf fahren.
Sie kommen an mir vorbei
und auch sie sind sehr *weiß*.

Jetzt stehe ich auf
schaffe den Ausgang
trete ins gleißende Sonnenlicht
erreiche den Wagen
steige ein
jage den Motor hoch
dresche den Rückwärtsgang rein
setze mit quietschenden Reifen
ein Stück zurück
komme mit einem wüsten Ruck
zum Stehen
reiße das Lenkrad nach rechts
gebe Gas
schalte vom ersten in den
zweiten Gang
schieße in eine Lücke
im Verkehr
hoch in den dritten Gang, den
vierten
im Nu bin ich auf 80
und pese die Überholspur
lang.
Läßt sich der Lauf
des Schicksals wenden?
Ich zünde mir eine
Zigarette an
schalte das
Radio ein, und
ein junges Mädchen singt:
»Tu mir weh, Daddy – mach
daß ich dich liebe ...«

Charles Bukowski
Der Mann mit der Ledertasche

Roman
Titel der Originalausgabe: *Post Office*
Aus dem Amerikanischen von Hans Hermann
KiWi 11

Den »besten Dichter Amerikas« haben Sartre und Genet den in Deutschland geborenen Charles Bukowski genannt. Mit Witz und ironischer Schlagkraft erzählt er hier die Geschichte seiner Erfahrungen als Briefträger. Mehr als 15 Jahre geriet er in die Akkordmühle der amerikanischen Post. »Höchste sittliche Grundsätze« und »aufopferndes Dienen« werden verlangt, aber der Briefträger Bukowski bleibt »unsittlich«: er trinkt, liebt, wettet, macht Gedichte und irritiert seine Vorgesetzten durch ständige Abweichungen von der inhumanen Norm.

Charles Bukowski
Flinke Killer

Aus dem Amerikanischen von Carl Weissner
KiWi 65

»Bukowskis Gedichte sind komprimierte Kurzgeschichten, und sie handeln immer von einem ›Augenblick der Wahrheit‹. Diese Geschichten beschreiben Selbstmörder in heruntergekommenen Löchern, Typen, die es nicht mehr schaffen und nichts mehr zu verlieren haben, Baumwollfelder, dreckige Arbeit, verlorene Pferdewetten, gescheiterte Footballspieler, Alkohol, Sex, auch mal die Zukunft: manchmal brutal, manchmal zynisch, manchmal grotesk oder grimmig, aber immer spürt man den Tod.« *Jörg Fauser*

Charles Bukowski
Pacific Telephone

Gedichte
Herausgegeben und aus dem Amerikanischen von
Carl Weissner
KiWi 76

Ich bekomme jetzt viele Anrufe. Sie sind alle gleich. »Sie sind Charles Bukowski? Der all' diese Sachen schreibt?« »Ja«, sage ich. Sie sagen mir, daß sie mein Zeug verstehen, und manche sind selber Schriftsteller oder wollen welche werden und sie haben öde schauerliche Jobs und rufen mich an, weil sie es an diesem Abend nicht mehr aushalten in ihrer Wohnung, in ihrem Zimmer – in ihren vier Wänden – sie wollen mit jemand reden – und sie wollen nicht begreifen, daß ich jetzt oft in meinem Zimmer einknicke und mir die Hände in den Bauch presse und stöhne: »O Gott, nicht schon wieder!«
Sie können nicht begreifen, daß die abgestumpften Mitmenschen, die Einsamkeit, die Straßen, die Wände auch für mich dieselben sind. Und wenn ich auflege, denken sie, ich hätte ihnen mein Geheimnis verschwiegen.
Ich schreibe nicht, weil ich etwas besser weiß. Wenn das Telefon läutet, würde ich auch gerne Worte hören, die mir einiges leichter machen.
Deshalb steht meine Nummer im Telefonbuch.

KiWi-Paperbackreihe bei Kiepenheuer&Witsch

Charles Bukowski
Die Girls im grünen Hotel

51 Gedichte. Herausgegeben und aus dem Amerikanischen von Carl Weissner. KiWi 87

Angenommen, Sie würden kreatives Schreiben unterrichten — was würden Sie ihren Studenten sagen?

Ich würde sagen, Ihr braucht eine unglückliche Liebesaffäre, Hämmorrhoiden, schlechte Zähne und billigen Wein. Macht einen Bogen um Golf und Schach und die Oper und rückt euer Bett jede Nacht an eine andere Wand. Laßt euch auf noch eine unglückliche Affäre ein. Benutzt nie ein Farbband aus Seide. Drückt euch vor Picknicks mit der Familie. Laßt euch nie in einem Rosengarten fotografieren. Lest Hemingway aber nur einmal, laßt Faulkner links liegen und ignoriert Gogol. Aber Fotos von Gertrude Stein solltet ihr anstarren und Sherwood Anderson im Bett lesen und Ritz-Cräcker dazu essen und euch klarmachen, daß Leute, die von sexueller Befreiung schwafeln, mehr Angst haben als ihr. Hört euch E. Power Biggs im Radio an, wie er die Orgel bearbeitet, während ihr euch eine Bull Durham dreht im Dunkeln, in einer fremden Stadt, nachdem ihr euch losgesagt habt von Freunden, Verwandten und Jobs. Haltet euch nicht für was Besseres, haltet euch nicht für fair und versucht es auch nie zu sein. Laßt euch nochmal auf eine unglückliche Affäre ein. Seht einer Fliege zu, die in der Sommersonne an einem Vorhang hochkrabbelt. Hangelt nicht nach Erfolg, spielt kein Billard, seid ehrlich empört wenn ihr seht, daß euer Auto einen Platten hat. Schluckt Vitamintabletten, aber verkneift euch Trimmen und Gewichtheben.
Und dann macht von allem das Gegenteil. Leistet euch eine glückliche Affäre. Und vielleicht kommt ihr dahinter, daß niemand etwas weiß – der Staat nicht, die Mäuse nicht, auch nicht der Gartenschlauch oder der Polarstern. Und wenn ihr mich je dabei erwischt, daß ich kreatives Schreiben unterrichte, und ihr lest mir das hier vor, dann gebe ich euch eine glatte Eins mitten in die Fresse.

CHARLES BUKOWSKI
DAS LIEBESLEBEN DER HYÄNE

Titel der Originalausgabe: *Woman*
Aus dem Amerikanischen von Carl Weissner
KiWi 98

Das Liebesleben der Hyäne: Ein Roman über das Leben des Schriftstellers Henry Chiniaski, genannt Hank, erzählt von Charles Bukowski, den Sartre und Genet »den besten Dichter Amerikas« genannt haben. Und wie alles, was Bukowski schreibt, ist auch dieser Roman ein Roman über sich selbst, unmittelbar, direkt und hart. Ohne Umschweife und ästhetisches Dekor geht Bukowski auf seine Themen los: den Sex und die Frauen, die Pferderennbahn und die ewig langweiligen Dichterlesungen, den Alkohol und seine Stadt Los Angeles mit ihren Barackenvierteln und Autodieben. Aber wer richtig liest, der weiß, daß es auch ein Roman über die Liebe ist und über den Tod, über die Kunst, die Angst und über die Suche nach dem Glück. Die rohe Sprache, in der Bukowski seine Erfahrungen herausschreibt, ist keine Attitüde, sondern Teil des Lebens eines Mannes, der von sich selbst sagt: »In all den Jahren, die ich in Schlachthöfen und Tankstellen, an Fließbändern und in U-Bahntunnels geschuftet habe, ist mein Vokabular auf den letzten Rest zusammengeschrumpft, aber mit diesem Rest versuche ich rauszuhämmern, was nur drin ist ...«

TAMA JANOWITZ
GROSSTADT-SKLAVEN

Slaves of New York
Titel der Originalausgabe: *Slaves of New York*
Aus dem Amerikanischen von Christine Schöfer und Claudius Ohder
KiWi 137

Großstadt-Sklaven ist eine wirkliche Entdeckung. In den letzten Jahren hat kaum ein Buch so genau den Nerv der Zeit und des Ortes getroffen wie diese Sammlung von Stories über die Künstler- und Lebenskünstlerszene in New York. In jeder Geschichte wird eine spezielle Form moderner Sklaverei ins Visier genommen: die Wohnungs-Sklaverei, die Sex-Sklaverei, die Geld-Sklaverei, die Gefühls-Sklaverei.